“全民普法手册”系列

全民国防教育普法手册

QUANMIN GUOFANG JIAOYU
PUFA SHOUCE

法律出版社法规中心　编

法律出版社
LAW PRESS·CHINA
北京

图书在版编目(CIP)数据

全民国防教育普法手册 / 法律出版社法规中心编
. -- 北京 : 法律出版社, 2023
ISBN 978 - 7 - 5197 - 8160 - 6

Ⅰ. ①全… Ⅱ. ①法… Ⅲ. ①国防教育法 - 中国 - 手册 Ⅳ. ①D922.12 - 62

中国国家版本馆 CIP 数据核字(2023)第 137820 号

全民国防教育普法手册
QUANMIN GUOFANG JIAOYU PUFA SHOUCE

法律出版社法规中心 编

责任编辑 李 群 赵雪慧
装帧设计 李 瞻

出版发行 法律出版社
编辑统筹 法规出版分社
责任校对 张红蕊
责任印制 耿润瑜
经　　销 新华书店

开本 A5
印张 6.75 **字数** 205 千
版本 2023 年 8 月第 1 版
印次 2023 年 8 月第 1 次印刷
印刷 北京中科印刷有限公司

地址:北京市丰台区莲花池西里 7 号(100073)
网址:www.lawpress.com.cn
投稿邮箱:info@lawpress.com.cn
举报盗版邮箱:jbwq@lawpress.com.cn
销售电话:010 - 83938349
客服电话:010 - 83938350
咨询电话:010 - 63939796

书号:ISBN 978 - 7 - 5197 - 8160 - 6
定价:32.00 元
凡购买本社图书,如有印装错误,我社负责退换。电话:010 - 83938349

目　录

一、国防安全

二、国防建设

三、法律责任

附　　录

中华人民共和国国防教育法

1. 2001年4月28日第九届全国人民代表大会常务委员会第二十一次会议通过
2. 根据2018年4月27日第十三届全国人民代表大会常务委员会第二次会议《关于修改〈中华人民共和国国境卫生检疫法〉等六部法律的决定》修正

目　录

第一章　总　　则

第一条　【立法目的】[①]为了普及和加强国防教育，发扬爱国主义精神，促进国防建设和社会主义精神文明建设，根据国防法和教育法，制定本法。

第二条　【国防教育】国防教育是建设和巩固国防的基础，是增强民族凝聚力、提高全民素质的重要途径。

第三条　【开展国防教育的意义】国家通过开展国防教育，使公民增强国防观念，掌握基本的国防知识，学习必要的军事技能，激发爱国热情，自觉履行国防义务。

第四条　【方针与原则】国防教育贯彻全民参与、长期坚持、讲求实效的方针，实行经常教育与集中教育相结合、普及教育与重点教育相结合、理论教育与行为教育相结合的原则，针对不同对象确定相应的教育内

---

① 条文主旨为编者所加，下同。

容分类组织实施。

第五条 【国防教育的权利和义务】中华人民共和国公民都有接受国防教育的权利和义务。

普及和加强国防教育是全社会的共同责任。

一切国家机关和武装力量、各政党和各社会团体、各企业事业组织以及基层群众性自治组织，都应当根据各自的实际情况组织本地区、本部门、本单位开展国防教育。

第六条 【国防教育的领导】国务院领导全国的国防教育工作。中央军事委员会协同国务院开展全民国防教育。

地方各级人民政府领导本行政区域内的国防教育工作。驻地军事机关协助和支持地方人民政府开展国防教育。

第七条 【国防教育工作机构】国家国防教育工作机构规划、组织、指导和协调全国的国防教育工作。

县级以上地方负责国防教育工作的机构组织、指导、协调和检查本行政区域内的国防教育工作。

第八条 【有关部门的国防教育职责】教育、退役军人事务、文化宣传等部门，在各自职责范围内负责国防教育工作。

征兵、国防科研生产、国民经济动员、人民防空、国防交通、军事设施保护等工作的主管部门，依照本法和有关法律、法规的规定，负责国防教育工作。

工会、共产主义青年团、妇女联合会以及其他有关社会团体，协助人民政府开展国防教育。

第九条 【部队的国防教育】中国人民解放军、中国人民武装警察部队按照中央军事委员会的有关规定开展国防教育。

第十条 【支持和鼓励】国家支持、鼓励社会组织和个人开展有益于国防教育的活动。

第十一条 【表彰和奖励】国家和社会对在国防教育工作中作出突出贡献的组织和个人，采取各种形式给予表彰和奖励。

第十二条 【国防教育日】国家设立全民国防教育日。

第二章　学校国防教育

第十三条　【学校的国防教育】学校的国防教育是全民国防教育的基础，是实施素质教育的重要内容。

教育行政部门应当将国防教育列入工作计划，加强对学校国防教育的组织、指导和监督，并对学校国防教育工作定期进行考核。

第十四条　【小学与初中的国防教育】小学和初级中学应当将国防教育的内容纳入有关课程，将课堂教学与课外活动相结合，对学生进行国防教育。

有条件的小学和初级中学可以组织学生开展以国防教育为主题的少年军校活动。教育行政部门、共产主义青年团组织和其他有关部门应当加强对少年军校活动的指导与管理。

小学和初级中学可以根据需要聘请校外辅导员，协助学校开展多种形式的国防教育活动。

第十五条　【高校和高中的国防教育】高等学校、高级中学和相当于高级中学的学校应当将课堂教学与军事训练相结合，对学生进行国防教育。

高等学校应当设置适当的国防教育课程，高级中学和相当于高级中学的学校应当在有关课程中安排专门的国防教育内容，并可以在学生中开展形式多样的国防教育活动。

高等学校、高级中学和相当于高级中学的学校学生的军事训练，由学校负责军事训练的机构或者军事教员按照国家有关规定组织实施。军事机关应当协助学校组织学生的军事训练。

第十六条　【学校的国防教育义务】学校应当将国防教育列入学校的工作和教学计划，采取有效措施，保证国防教育的质量和效果。

学校组织军事训练活动，应当采取措施，加强安全保障。

第十七条　【国家工作人员的国防教育培训】负责培训国家工作人员的各类教育机构，应当将国防教育纳入培训计划，设置适当的国防教育课程。

国家根据需要选送地方和部门的负责人到有关军事院校接受培训，学习和掌握履行领导职责所必需的国防知识。

第三章 社会国防教育

第十八条 【国家机关的国防教育】国家机关应当根据各自的工作性质和特点，采取多种形式对工作人员进行国防教育。

国家机关工作人员应当具备基本的国防知识。从事国防建设事业的国家机关工作人员，必须学习和掌握履行职责所必需的国防知识。

各地区、各部门的领导人员应当依法履行组织、领导本地区、本部门开展国防教育的职责。

第十九条 【企事业与社会团体的国防教育】企业事业组织应当将国防教育列入职工教育计划，结合政治教育、业务培训、文化体育等活动，对职工进行国防教育。

承担国防科研生产、国防设施建设、国防交通保障等任务的企业事业组织，应当根据所担负的任务，制定相应的国防教育计划，有针对性地对职工进行国防教育。

社会团体应当根据各自的活动特点开展国防教育。

第二十条 【民兵等的国防教育】军区、省军区（卫戍区、警备区）、军分区（警备区）和县、自治县、市、市辖区的人民武装部按照国家和军队的有关规定，结合政治教育和组织整顿、军事训练、执行勤务、征兵工作以及重大节日、纪念日活动，对民兵、预备役人员进行国防教育。

民兵、预备役人员的国防教育，应当以基干民兵、第一类预备役人员和担任领导职务的民兵、预备役人员为重点，建立和完善制度，保证受教育的人员、教育时间和教育内容的落实。

第二十一条 【居委会与村委会的国防教育】城市居民委员会、农村村民委员会应当将国防教育纳入社区、农村社会主义精神文明建设的内容，结合征兵工作、拥军优属以及重大节日、纪念日活动，对居民、村民进行国防教育。

城市居民委员会、农村村民委员会可以聘请退役军人协助开展国防教育。

第二十二条 【文化等部门和单位的国防教育】文化、新闻、出版、广播、电影、电视等部门和单位应当根据形势和任务的要求，采取多种形式开展国防教育。

中央和省、自治区、直辖市以及设区的市的广播电台、电视台、报刊应当开设国防教育节目或者栏目,普及国防知识。

第二十三条 【有关博物馆和纪念馆等的国防教育】烈士陵园、革命遗址和其他具有国防教育功能的博物馆、纪念馆、科技馆、文化馆、青少年宫等场所,应当为公民接受国防教育提供便利,对有组织的国防教育活动实行优惠或者免费;依照本法第二十八条的规定被命名为国防教育基地的,应当对有组织的中小学生免费开放;在全民国防教育日向社会免费开放。

第四章 国防教育的保障

第二十四条 【计划与经费】各级人民政府应当将国防教育纳入国民经济和社会发展计划,并根据开展国防教育的需要,在财政预算中保障国防教育所需的经费。

第二十五条 【单位与学校的国防教育经费】国家机关、事业单位、社会团体开展国防教育所需的经费,在本单位预算经费内列支;企业开展国防教育所需经费,在本单位职工教育经费中列支。

学校组织学生军事训练所需的经费,按照国家有关规定执行。

第二十六条 【国防教育的资助】国家鼓励社会组织和个人捐赠财产,资助国防教育的开展。

社会组织和个人资助国防教育的财产,由依法成立的国防教育基金组织或者其他公益性社会组织依法管理。

国家鼓励社会组织和个人提供或者捐赠所收藏的具有国防教育意义的实物用于国防教育。使用单位对提供使用的实物应当妥善保管,使用完毕,及时归还。

第二十七条 【经费和财产的使用】国防教育经费和社会组织、个人资助国防教育的财产,必须用于国防教育事业,任何单位或者个人不得挪用、克扣。

第二十八条 【国防教育基地的命名条件】本法第二十三条规定的场所,具备下列条件的,经省、自治区、直辖市人民政府批准,可以命名为国防教育基地:

(一)有明确的国防教育主题内容;

（二）有健全的管理机构和规章制度；

（三）有相应的国防教育设施；

（四）有必要的经费保障；

（五）有显著的社会教育效果。

国防教育基地应当加强建设，不断完善，充分发挥国防教育的功能。被命名的国防教育基地不再具备前款规定条件的，由原批准机关撤销命名。

第二十九条 【政府加强国防教育】各级人民政府应当加强对国防教育基地的规划、建设和管理，并为其发挥作用提供必要的保障。

各级人民政府应当加强对具有国防教育意义的文物的收集、整理、保护工作。

第三十条 【国防教育大纲】全民国防教育使用统一的国防教育大纲。国防教育大纲由国家国防教育工作机构组织制定。

适用于不同地区、不同类别教育对象的国防教育教材，由有关部门或者地方依据国防教育大纲并结合本地区、本部门的特点组织编写。

第三十一条 【国防教育教员】各级国防教育工作机构应当组织、协调有关部门做好国防教育教员的选拔、培训和管理工作，加强国防教育师资队伍建设。

国防教育教员应当从热爱国防教育事业、具有基本的国防知识和必要的军事技能的人员中选拔。

第三十二条 【部队对驻地的国防教育义务】中国人民解放军和中国人民武装警察部队应当根据需要和可能，为驻地有组织的国防教育活动选派军事教员，提供必要的军事训练场地、设施以及其他便利条件。

在国庆节、中国人民解放军建军节和全民国防教育日，经批准的军营可以向社会开放。军营开放的办法由中央军事委员会规定。

第五章 法律责任

第三十三条 【拒不开展国防教育行为】国家机关、社会团体、企业事业组织以及其他社会组织违反本法规定，拒不开展国防教育活动的，由人民政府有关部门或者上级机关给予批评教育，并责令限期改正；拒不改正，造成恶劣影响的，对负有直接责任的主管人员依法给予行政处分。

第三十四条 【挪用、克扣国防教育经费】违反本法规定，挪用、克扣国防教育经费的，由有关主管部门责令限期归还；对负有直接责任的主管人员和其他直接责任人员依法给予行政处分；构成犯罪的，依法追究刑事责任。

第三十五条 【侵害设施与展品的行为】侵占、破坏国防教育基地设施、损毁展品的，由有关主管部门给予批评教育，并责令限期改正；有关责任人应当依法承担相应的民事责任。

有前款所列行为，违反治安管理规定的，由公安机关依法给予治安管理处罚；构成犯罪的，依法追究刑事责任。

第三十六条 【扰乱国防教育秩序和盗用国防教育名义骗取钱财的行为】寻衅滋事，扰乱国防教育工作和活动秩序的，或者盗用国防教育名义骗取钱财的，由有关主管部门给予批评教育，并予以制止；违反治安管理规定的，由公安机关依法给予治安管理处罚；构成犯罪的，依法追究刑事责任。

第三十七条 【玩忽职守等】负责国防教育的国家工作人员玩忽职守、滥用职权、徇私舞弊的，依法给予行政处分；构成犯罪的，依法追究刑事责任。

第六章　附　　则

第三十八条 【施行日期】本法自公布之日起施行。

一、国 防 安 全

中华人民共和国国防法

1. 1997 年 3 月 14 日第八届全国人民代表大会第五次会议通过
2. 根据 2009 年 8 月 27 日第十一届全国人民代表大会常务委员会第十次会议《关于修改部分法律的决定》修正
3. 2020 年 12 月 26 日第十三届全国人民代表大会常务委员会第二十四次会议修订

目　　录

第一章　总　　则

第一条　【立法目的】为了建设和巩固国防，保障改革开放和社会主义现代化建设的顺利进行，实现中华民族伟大复兴，根据宪法，制定本法。

第二条 【适用范围】国家为防备和抵抗侵略，制止武装颠覆和分裂，保卫国家主权、统一、领土完整、安全和发展利益所进行的军事活动，以及与军事有关的政治、经济、外交、科技、教育等方面的活动，适用本法。

第三条 【国防与国防现代化】国防是国家生存与发展的安全保障。

国家加强武装力量建设，加强边防、海防、空防和其他重大安全领域防卫建设，发展国防科研生产，普及全民国防教育，完善国防动员体系，实现国防现代化。

第四条 【指导思想】国防活动坚持以马克思列宁主义、毛泽东思想、邓小平理论、“三个代表”重要思想、科学发展观、习近平新时代中国特色社会主义思想为指导，贯彻习近平强军思想，坚持总体国家安全观，贯彻新时代军事战略方针，建设与我国国际地位相称、与国家安全和发展利益相适应的巩固国防和强大武装力量。

第五条 【统一领导】国家对国防活动实行统一的领导。

第六条 【国防政策】中华人民共和国奉行防御性国防政策，独立自主、自力更生地建设和巩固国防，实行积极防御，坚持全民国防。

国家坚持经济建设和国防建设协调、平衡、兼容发展，依法开展国防活动，加快国防和军队现代化，实现富国和强军相统一。

第七条 【公民的职责与义务】保卫祖国、抵抗侵略是中华人民共和国每一个公民的神圣职责。

中华人民共和国公民应当依法履行国防义务。

一切国家机关和武装力量、各政党和各人民团体、企业事业组织、社会组织和其他组织，都应当支持和依法参与国防建设，履行国防职责，完成国防任务。

第八条 【拥军优属】国家和社会尊重、优待军人，保障军人的地位和合法权益，开展各种形式的拥军优属活动，让军人成为全社会尊崇的职业。

中国人民解放军和中国人民武装警察部队开展拥政爱民活动，巩固军政军民团结。

第九条 【国际军事交流与合作】中华人民共和国积极推进国际军事交流与合作，维护世界和平，反对侵略扩张行为。

第十条 【表彰和奖励】对在国防活动中作出贡献的组织和个人，依照有关法律、法规的规定给予表彰和奖励。

第十一条 **【追究法律责任情形】**任何组织和个人违反本法和有关法律，拒绝履行国防义务或者危害国防利益的，依法追究法律责任。

公职人员在国防活动中，滥用职权、玩忽职守、徇私舞弊的，依法追究法律责任。

第二章 国家机构的国防职权

第十二条 **【全国人大的国防职权】**全国人民代表大会依照宪法规定，决定战争和和平的问题，并行使宪法规定的国防方面的其他职权。

全国人民代表大会常务委员会依照宪法规定，决定战争状态的宣布，决定全国总动员或者局部动员，并行使宪法规定的国防方面的其他职权。

第十三条 **【中华人民共和国主席的国防职权】**中华人民共和国主席根据全国人民代表大会的决定和全国人民代表大会常务委员会的决定，宣布战争状态，发布动员令，并行使宪法规定的国防方面的其他职权。

第十四条 **【国务院的国防职权】**国务院领导和管理国防建设事业，行使下列职权：

（一）编制国防建设的有关发展规划和计划；

（二）制定国防建设方面的有关政策和行政法规；

（三）领导和管理国防科研生产；

（四）管理国防经费和国防资产；

（五）领导和管理国民经济动员工作和人民防空、国防交通等方面的建设和组织实施工作；

（六）领导和管理拥军优属工作和退役军人保障工作；

（七）与中央军事委员会共同领导民兵的建设，征兵工作，边防、海防、空防和其他重大安全领域防卫的管理工作；

（八）法律规定的与国防建设事业有关的其他职权。

第十五条 **【中央军委的国防职权】**中央军事委员会领导全国武装力量，行使下列职权：

（一）统一指挥全国武装力量；

（二）决定军事战略和武装力量的作战方针；

（三）领导和管理中国人民解放军、中国人民武装警察部队的建设，制定规划、计划并组织实施；

（四）向全国人民代表大会或者全国人民代表大会常务委员会提出议案；

（五）根据宪法和法律，制定军事法规，发布决定和命令；

（六）决定中国人民解放军、中国人民武装警察部队的体制和编制，规定中央军事委员会机关部门、战区、军兵种和中国人民武装警察部队等单位的任务和职责；

（七）依照法律、军事法规的规定，任免、培训、考核和奖惩武装力量成员；

（八）决定武装力量的武器装备体制，制定武器装备发展规划、计划，协同国务院领导和管理国防科研生产；

（九）会同国务院管理国防经费和国防资产；

（十）领导和管理人民武装动员、预备役工作；

（十一）组织开展国际军事交流与合作；

（十二）法律规定的其他职权。

第十六条　【中央军委主席负责制】中央军事委员会实行主席负责制。

第十七条　【协调机制】国务院和中央军事委员会建立协调机制，解决国防事务的重大问题。

中央国家机关与中央军事委员会机关有关部门可以根据情况召开会议，协调解决有关国防事务的问题。

第十八条　【地方各级国家机构的国防职权】地方各级人民代表大会和县级以上地方各级人民代表大会常务委员会在本行政区域内，保证有关国防事务的法律、法规的遵守和执行。

地方各级人民政府依照法律规定的权限，管理本行政区域内的征兵、民兵、国民经济动员、人民防空、国防交通、国防设施保护，以及退役军人保障和拥军优属等工作。

第十九条　【军地联席会议】地方各级人民政府和驻地军事机关根据需要召开军地联席会议，协调解决本行政区域内有关国防事务的问题。

军地联席会议由地方人民政府的负责人和驻地军事机关的负责人共同召集。军地联席会议的参加人员由会议召集人确定。

军地联席会议议定的事项，由地方人民政府和驻地军事机关根据各自职责和任务分工办理，重大事项应当分别向上级报告。

第三章　武装力量

第二十条　【武装力量的任务】中华人民共和国的武装力量属于人民。它的任务是巩固国防，抵抗侵略，保卫祖国，保卫人民的和平劳动，参加国家建设事业，全心全意为人民服务。

第二十一条　【武装力量受共产党领导】中华人民共和国的武装力量受中国共产党领导。武装力量中的中国共产党组织依照中国共产党章程进行活动。

第二十二条　【武装力量的组成以及各自担负的任务】中华人民共和国的武装力量，由中国人民解放军、中国人民武装警察部队、民兵组成。

中国人民解放军由现役部队和预备役部队组成，在新时代的使命任务是为巩固中国共产党领导和社会主义制度，为捍卫国家主权、统一、领土完整，为维护国家海外利益，为促进世界和平与发展，提供战略支撑。现役部队是国家的常备军，主要担负防卫作战任务，按照规定执行非战争军事行动任务。预备役部队按照规定进行军事训练、执行防卫作战任务和非战争军事行动任务；根据国家发布的动员令，由中央军事委员会下达命令转为现役部队。

中国人民武装警察部队担负执勤、处置突发社会安全事件、防范和处置恐怖活动、海上维权执法、抢险救援和防卫作战以及中央军事委员会赋予的其他任务。

民兵在军事机关的指挥下，担负战备勤务、执行非战争军事行动任务和防卫作战任务。

第二十三条　【武装力量须遵守宪法和法律】中华人民共和国的武装力量必须遵守宪法和法律。

第二十四条　【强军之路】中华人民共和国武装力量建设坚持走中国特色强军之路，坚持政治建军、改革强军、科技强军、人才强军、依法治军，加强军事训练，开展政治工作，提高保障水平，全面推进军事理论、军队组织形态、军事人员和武器装备现代化，构建中国特色现代作战体系，全面提高战斗力，努力实现党在新时代的强军目标。

第二十五条 【武装力量的规模】中华人民共和国武装力量的规模应当与保卫国家主权、安全、发展利益的需要相适应。

第二十六条 【兵役与衔级制度】中华人民共和国的兵役分为现役和预备役。军人和预备役人员的服役制度由法律规定。

中国人民解放军、中国人民武装警察部队依照法律规定实行衔级制度。

第二十七条 【文职人员制度】中国人民解放军、中国人民武装警察部队在规定岗位实行文职人员制度。

第二十八条 【军旗、军徽与武警警察部队旗、徽】中国人民解放军军旗、军徽是中国人民解放军的象征和标志。中国人民武装警察部队旗、徽是中国人民武装警察部队的象征和标志。

公民和组织应当尊重中国人民解放军军旗、军徽和中国人民武装警察部队旗、徽。

中国人民解放军军旗、军徽和中国人民武装警察部队旗、徽的图案、样式以及使用管理办法由中央军事委员会规定。

第二十九条 【三个禁止】国家禁止任何组织或者个人非法建立武装组织,禁止非法武装活动,禁止冒充军人或者武装力量组织。

第四章 边防、海防、空防和其他重大安全领域防卫

第三十条 【建设边防、海防和空防】中华人民共和国的领陆、领水、领空神圣不可侵犯。国家建设强大稳固的现代边防、海防和空防,采取有效的防卫和管理措施,保卫领陆、领水、领空的安全,维护国家海洋权益。

国家采取必要的措施,维护在太空、电磁、网络空间等其他重大安全领域的活动、资产和其他利益的安全。

第三十一条 【防卫工作的领导和按职权分工】中央军事委员会统一领导边防、海防、空防和其他重大安全领域的防卫工作。

中央国家机关、地方各级人民政府和有关军事机关,按照规定的职权范围,分工负责边防、海防、空防和其他重大安全领域的管理和防卫工作,共同维护国家的安全和利益。

第三十二条 【国防设施的建设和保障】国家根据边防、海防、空防和其他重大安全领域防卫的需要,加强防卫力量建设,建设作战、指挥、通

信、测控、导航、防护、交通、保障等国防设施。各级人民政府和军事机关应当依照法律、法规的规定,保障国防设施的建设,保护国防设施的安全。

第五章 国防科研生产和军事采购

第三十三条 【发展国防科研生产】国家建立和完善国防科技工业体系,发展国防科研生产,为武装力量提供性能先进、质量可靠、配套完善、便于操作和维修的武器装备以及其他适用的军用物资,满足国防需要。

第三十四条 【国防科技工业的方针和规划】国防科技工业实行军民结合、平战结合、军品优先、创新驱动、自主可控的方针。

国家统筹规划国防科技工业建设,坚持国家主导、分工协作、专业配套、开放融合,保持规模适度、布局合理的国防科研生产能力。

第三十五条 【促进国防科技进步】国家充分利用全社会优势资源,促进国防科学技术进步,加快技术自主研发,发挥高新技术在武器装备发展中的先导作用,增加技术储备,完善国防知识产权制度,促进国防科技成果转化,推进科技资源共享和协同创新,提高国防科研能力和武器装备技术水平。

第三十六条 【国防科技人才培养和权益保护】国家创造有利的环境和条件,加强国防科学技术人才培养,鼓励和吸引优秀人才进入国防科研生产领域,激发人才创新活力。

国防科学技术工作者应当受到全社会的尊重。国家逐步提高国防科学技术工作者的待遇,保护其合法权益。

第三十七条 【采购制度】国家依法实行军事采购制度,保障武装力量所需武器装备和物资、工程、服务的采购供应。

第三十八条 【统一领导和计划调控】国家对国防科研生产实行统一领导和计划调控;注重发挥市场机制作用,推进国防科研生产和军事采购活动公平竞争。

国家为承担国防科研生产任务和接受军事采购的组织和个人依法提供必要的保障条件和优惠政策。地方各级人民政府应当依法对承担国防科研生产任务和接受军事采购的组织和个人给予协助和支持。

承担国防科研生产任务和接受军事采购的组织和个人应当保守秘

密，及时高效完成任务，保证质量，提供相应的服务保障。

国家对供应武装力量的武器装备和物资、工程、服务，依法实行质量责任追究制度。

第六章　国防经费和国防资产

第三十九条　【保障国防经费】国家保障国防事业的必要经费。国防经费的增长应当与国防需求和国民经济发展水平相适应。

国防经费依法实行预算管理。

第四十条　【国防资产】国家为武装力量建设、国防科研生产和其他国防建设直接投入的资金、划拨使用的土地等资源，以及由此形成的用于国防目的的武器装备和设备设施、物资器材、技术成果等属于国防资产。

国防资产属于国家所有。

第四十一条　【国防资产的调整、处分和管理】国家根据国防建设和经济建设的需要，确定国防资产的规模、结构和布局，调整和处分国防资产。

国防资产的管理机构和占有、使用单位，应当依法管理国防资产，充分发挥国防资产的效能。

第四十二条　【国防资产的保护】国家保护国防资产不受侵害，保障国防资产的安全、完整和有效。

禁止任何组织或者个人破坏、损害和侵占国防资产。未经国务院、中央军事委员会或者国务院、中央军事委员会授权的机构批准，国防资产的占有、使用单位不得改变国防资产用于国防的目的。国防资产中的技术成果，在坚持国防优先、确保安全的前提下，可以根据国家有关规定用于其他用途。

国防资产的管理机构或者占有、使用单位对不再用于国防目的的国防资产，应当按照规定报批，依法改作其他用途或者进行处置。

第七章　国 防 教 育

第四十三条　【开展国防教育】国家通过开展国防教育，使全体公民增强国防观念、强化忧患意识、掌握国防知识、提高国防技能、发扬爱国主义精神，依法履行国防义务。

普及和加强国防教育是全社会的共同责任。

第四十四条 【国防教育的方针、原则】国防教育贯彻全民参与、长期坚持、讲求实效的方针,实行经常教育与集中教育相结合、普及教育与重点教育相结合、理论教育与行为教育相结合的原则。

第四十五条 【国防教育工作的开展】国防教育主管部门应当加强国防教育的组织管理,其他有关部门应当按照规定的职责做好国防教育工作。

军事机关应当支持有关机关和组织开展国防教育工作,依法提供有关便利条件。

一切国家机关和武装力量、各政党和各人民团体、企业事业组织、社会组织和其他组织,都应当组织本地区、本部门、本单位开展国防教育。

学校的国防教育是全民国防教育的基础。各级各类学校应当设置适当的国防教育课程,或者在有关课程中增加国防教育的内容。普通高等学校和高中阶段学校应当按照规定组织学生军事训练。

公职人员应当积极参加国防教育,提升国防素养,发挥在全民国防教育中的模范带头作用。

第四十六条 【国防教育计划、经费】各级人民政府应当将国防教育纳入国民经济和社会发展计划,保障国防教育所需的经费。

第八章 国防动员和战争状态

第四十七条 【国防动员】中华人民共和国的主权、统一、领土完整、安全和发展利益遭受威胁时,国家依照宪法和法律规定,进行全国总动员或者局部动员。

第四十八条 【国防动员准备纳入国家发展规划和计划】国家将国防动员准备纳入国家总体发展规划和计划,完善国防动员体制,增强国防动员潜力,提高国防动员能力。

第四十九条 【战略物资储备】国家建立战略物资储备制度。战略物资储备应当规模适度、储存安全、调用方便、定期更换,保障战时的需要。

第五十条 【国防动员准备和实施】国家国防动员领导机构、中央国家机关、中央军事委员会机关有关部门按照职责分工,组织国防动员准备和实施工作。

一切国家机关和武装力量、各政党和各人民团体、企业事业组织、社会组织、其他组织和公民,都必须依照法律规定完成国防动员准备工作;在国家发布动员令后,必须完成规定的国防动员任务。

第五十一条 **【依法征收、征用及补偿】**国家根据国防动员需要,可以依法征收、征用组织和个人的设备设施、交通工具、场所和其他财产。

县级以上人民政府对被征收、征用者因征收、征用所造成的直接经济损失,按照国家有关规定给予公平、合理的补偿。

第五十二条 **【战争状态】**国家依照宪法规定宣布战争状态,采取各种措施集中人力、物力和财力,领导全体公民保卫祖国、抵抗侵略。

第九章 公民、组织的国防义务和权利

第五十三条 **【兵役工作】**依照法律服兵役和参加民兵组织是中华人民共和国公民的光荣义务。

各级兵役机关和基层人民武装机构应当依法办理兵役工作,按照国务院和中央军事委员会的命令完成征兵任务,保证兵员质量。有关国家机关、人民团体、企业事业组织、社会组织和其他组织,应当依法完成民兵和预备役工作,协助完成征兵任务。

第五十四条 **【企事业单位和个人的国防义务】**企业事业组织和个人承担国防科研生产任务或者接受军事采购,应当按照要求提供符合质量标准的武器装备或者物资、工程、服务。

企业事业组织和个人应当按照国家规定在与国防密切相关的建设项目中贯彻国防要求,依法保障国防建设和军事行动的需要。车站、港口、机场、道路等交通设施的管理、运营单位应当为军人和军用车辆、船舶的通行提供优先服务,按照规定给予优待。

第五十五条 **【公民的国防义务】**公民应当接受国防教育。

公民和组织应当保护国防设施,不得破坏、危害国防设施。

公民和组织应当遵守保密规定,不得泄露国防方面的国家秘密,不得非法持有国防方面的秘密文件、资料和其他秘密物品。

第五十六条 **【支持国防建设】**公民和组织应当支持国防建设,为武装力量的军事训练、战备勤务、防卫作战、非战争军事行动等活动提供便利

条件或者其他协助。

国家鼓励和支持符合条件的公民和企业投资国防事业，保障投资者的合法权益并依法给予政策优惠。

第五十七条 **【提出建议、制止危害或检举的权利】**公民和组织有对国防建设提出建议的权利，有对危害国防利益的行为进行制止或者检举的权利。

第五十八条 **【职责、义务和抚恤优待】**民兵、预备役人员和其他公民依法参加军事训练，担负战备勤务、防卫作战、非战争军事行动等任务时，应当履行自己的职责和义务；国家和社会保障其享有相应的待遇，按照有关规定对其实行抚恤优待。

公民和组织因国防建设和军事活动在经济上受到直接损失的，可以依照国家有关规定获得补偿。

第十章 军人的义务和权益

第五十九条 **【军人】**军人必须忠于祖国，忠于中国共产党，履行职责，英勇战斗，不怕牺牲，捍卫祖国的安全、荣誉和利益。

第六十条 **【遵守法纪】**军人必须模范地遵守宪法和法律，遵守军事法规，执行命令，严守纪律。

第六十一条 **【发扬军队的优良传统】**军人应当发扬人民军队的优良传统，热爱人民，保护人民，积极参加社会主义现代化建设，完成抢险救灾等任务。

第六十二条 **【表彰制度】**军人应当受到全社会的尊崇。

国家建立军人功勋荣誉表彰制度。

国家采取有效措施保护军人的荣誉、人格尊严，依照法律规定对军人的婚姻实行特别保护。

军人依法履行职责的行为受法律保护。

第六十三条 **【优待军人】**国家和社会优待军人。

国家建立与军事职业相适应、与国民经济发展相协调的军人待遇保障制度。

第六十四条 **【退役军人保障制度】**国家建立退役军人保障制度，妥善安置退役军人，维护退役军人的合法权益。

第六十五条　【抚恤优待残疾军人】国家和社会抚恤优待残疾军人，对残疾军人的生活和医疗依法给予特别保障。

因战、因公致残或者致病的残疾军人退出现役后，县级以上人民政府应当及时接收安置，并保障其生活不低于当地的平均生活水平。

第六十六条　【优待军人家属和烈士家属】国家和社会优待军人家属，抚恤优待烈士家属和因公牺牲、病故军人的家属。

第十一章　对外军事关系

第六十七条　【我国对外军事关系的原则】中华人民共和国坚持互相尊重主权和领土完整、互不侵犯、互不干涉内政、平等互利、和平共处五项原则，维护以联合国为核心的国际体系和以国际法为基础的国际秩序，坚持共同、综合、合作、可持续的安全观，推动构建人类命运共同体，独立自主地处理对外军事关系，开展军事交流与合作。

第六十八条　【履行国际安全义务】中华人民共和国遵循以联合国宪章宗旨和原则为基础的国际关系基本准则，依照国家有关法律运用武装力量，保护海外中国公民、组织、机构和设施的安全，参加联合国维和、国际救援、海上护航、联演联训、打击恐怖主义等活动，履行国际安全义务，维护国家海外利益。

第六十九条　【支持国际社会有关活动】中华人民共和国支持国际社会实施的有利于维护世界和地区和平、安全、稳定的与军事有关的活动，支持国际社会为公正合理地解决国际争端以及国际军备控制、裁军和防扩散所做的努力，参与安全领域多边对话谈判，推动制定普遍接受、公正合理的国际规则。

第七十条　【遵守有关条约、协定】中华人民共和国在对外军事关系中遵守同外国、国际组织缔结或者参加的有关条约和协定。

第十二章　附　　则

第七十一条　【军人的含义及适用】本法所称军人，是指在中国人民解放军服现役的军官、军士、义务兵等人员。

本法关于军人的规定，适用于人民武装警察。

第七十二条　【特别行政区防务】中华人民共和国特别行政区的防务，由特别行政区基本法和有关法律规定。

第七十三条 【施行日期】本法自2021年1月1日起施行。

中华人民共和国国家安全法

1. 2015年7月1日第十二届全国人民代表大会常务委员会第十五次会议通过
2. 2015年7月1日中华人民共和国主席令第29号公布
3. 自公布之日起施行

目 录

第一章 总 则

第一条 【立法目的】为了维护国家安全，保卫人民民主专政的政权和中国特色社会主义制度，保护人民的根本利益，保障改革开放和社会主义现代化建设的顺利进行，实现中华民族伟大复兴，根据宪法，制定本法。

第二条 【国家安全】国家安全是指国家政权、主权、统一和领土完整、人民福祉、经济社会可持续发展和国家其他重大利益相对处于没有危险和不受内外威胁的状态，以及保障持续安全状态的能力。

第三条 【立法基础】国家安全工作应当坚持总体国家安全观，以人民安全为宗旨，以政治安全为根本，以经济安全为基础，以军事、文化、社会安全为保障，以促进国际安全为依托，维护各领域国家安全，构建国家安全体系，走中国特色国家安全道路。

第四条 【中国共产党领导原则】坚持中国共产党对国家安全工作的领导，建立集中统一、高效权威的国家安全领导体制。

第五条 【中央国家安全领导机构】中央国家安全领导机构负责国家安全工作的决策和议事协调，研究制定、指导实施国家安全战略和有关重大方针政策，统筹协调国家安全重大事项和重要工作，推动国家安全法治建设。

第六条 【制定完善国家安全战略】国家制定并不断完善国家安全战略，全面评估国际、国内安全形势，明确国家安全战略的指导方针、中长期目标、重点领域的国家安全政策、工作任务和措施。

第七条 【基本原则】维护国家安全，应当遵守宪法和法律，坚持社会主义法治原则，尊重和保障人权，依法保护公民的权利和自由。

第八条 【与经济发展相协调原则、全面统筹原则】维护国家安全，应当与经济社会发展相协调。

国家安全工作应当统筹内部安全和外部安全、国土安全和国民安全、传统安全和非传统安全、自身安全和共同安全。

第九条 【适用原则】维护国家安全，应当坚持预防为主、标本兼治，专门工作与群众路线相结合，充分发挥专门机关和其他有关机关维护国家安全的职能作用，广泛动员公民和组织，防范、制止和依法惩治危害国家安全的行为。

第十条 【共同发展原则】维护国家安全，应当坚持互信、互利、平等、协作，积极同外国政府和国际组织开展安全交流合作，履行国际安全义务，促进共同安全，维护世界和平。

第十一条 【全体参与原则】中华人民共和国公民、一切国家机关和武装力量、各政党和各人民团体、企业事业组织和其他社会组织，都有维护国家安全的责任和义务。

中国的主权和领土完整不容侵犯和分割。维护国家主权、统一和领土完整是包括港澳同胞和台湾同胞在内的全中国人民的共同义务。

第十二条 **【奖励表彰】**国家对在维护国家安全工作中作出突出贡献的个人和组织给予表彰和奖励。

第十三条 **【责任追究】**国家机关工作人员在国家安全工作和涉及国家安全活动中,滥用职权、玩忽职守、徇私舞弊的,依法追究法律责任。

任何个人和组织违反本法和有关法律,不履行维护国家安全义务或者从事危害国家安全活动的,依法追究法律责任。

第十四条 **【国家安全教育日】**每年4月15日为全民国家安全教育日。

第二章 维护国家安全的任务

第十五条 **【维护内容】**国家坚持中国共产党的领导,维护中国特色社会主义制度,发展社会主义民主政治,健全社会主义法治,强化权力运行制约和监督机制,保障人民当家作主的各项权利。

国家防范、制止和依法惩治任何叛国、分裂国家、煽动叛乱、颠覆或者煽动颠覆人民民主专政政权的行为;防范、制止和依法惩治窃取、泄露国家秘密等危害国家安全的行为;防范、制止和依法惩治境外势力的渗透、破坏、颠覆、分裂活动。

第十六条 **【维护公民权益】**国家维护和发展最广大人民的根本利益,保卫人民安全,创造良好生存发展条件和安定工作生活环境,保障公民的生命财产安全和其他合法权益。

第十七条 **【维护国家主权】**国家加强边防、海防和空防建设,采取一切必要的防卫和管控措施,保卫领陆、内水、领海和领空安全,维护国家领土主权和海洋权益。

第十八条 **【加强武装力量】**国家加强武装力量革命化、现代化、正规化建设,建设与保卫国家安全和发展利益需要相适应的武装力量;实施积极防御军事战略方针,防备和抵御侵略,制止武装颠覆和分裂;开展国际军事安全合作,实施联合国维和、国际救援、海上护航和维护国家海外利益的军事行动,维护国家主权、安全、领土完整、发展利益和世界和平。

第十九条 **【维护经济利益】**国家维护国家基本经济制度和社会主义市场经济秩序,健全预防和化解经济安全风险的制度机制,保障关系国民经济命脉的重要行业和关键领域、重点产业、重大基础设施和重大建设项目以及其他重大经济利益安全。

第二十条 【维护金融安全】国家健全金融宏观审慎管理和金融风险防范、处置机制,加强金融基础设施和基础能力建设,防范和化解系统性、区域性金融风险,防范和抵御外部金融风险的冲击。

第二十一条 【资源能源】国家合理利用和保护资源能源,有效管控战略资源能源的开发,加强战略资源能源储备,完善资源能源运输战略通道建设和安全保护措施,加强国际资源能源合作,全面提升应急保障能力,保障经济社会发展所需的资源能源持续、可靠和有效供给。

第二十二条 【粮食安全】国家健全粮食安全保障体系,保护和提高粮食综合生产能力,完善粮食储备制度、流通体系和市场调控机制,健全粮食安全预警制度,保障粮食供给和质量安全。

第二十三条 【文化发展】国家坚持社会主义先进文化前进方向,继承和弘扬中华民族优秀传统文化,培育和践行社会主义核心价值观,防范和抵制不良文化的影响,掌握意识形态领域主导权,增强文化整体实力和竞争力。

第二十四条 【技术发展】国家加强自主创新能力建设,加快发展自主可控的战略高新技术和重要领域核心关键技术,加强知识产权的运用、保护和科技保密能力建设,保障重大技术和工程的安全。

第二十五条 【网络安全】国家建设网络与信息安全保障体系,提升网络与信息安全保护能力,加强网络和信息技术的创新研究和开发应用,实现网络和信息核心技术、关键基础设施和重要领域信息系统及数据的安全可控;加强网络管理,防范、制止和依法惩治网络攻击、网络入侵、网络窃密、散布违法有害信息等网络违法犯罪行为,维护国家网络空间主权、安全和发展利益。

第二十六条 【民族政策】国家坚持和完善民族区域自治制度,巩固和发展平等团结互助和谐的社会主义民族关系。坚持各民族一律平等,加强民族交往、交流、交融,防范、制止和依法惩治民族分裂活动,维护国家统一、民族团结和社会和谐,实现各民族共同团结奋斗、共同繁荣发展。

第二十七条 【宗教政策】国家依法保护公民宗教信仰自由和正常宗教

活动，坚持宗教独立自主自办的原则，防范、制止和依法惩治利用宗教名义进行危害国家安全的违法犯罪活动，反对境外势力干涉境内宗教事务，维护正常宗教活动秩序。

国家依法取缔邪教组织，防范、制止和依法惩治邪教违法犯罪活动。

第二十八条 **【反恐】**国家反对一切形式的恐怖主义和极端主义，加强防范和处置恐怖主义的能力建设，依法开展情报、调查、防范、处置以及资金监管等工作，依法取缔恐怖活动组织和严厉惩治暴力恐怖活动。

第二十九条 **【维护公共安全及社会安定】**国家健全有效预防和化解社会矛盾的体制机制，健全公共安全体系，积极预防、减少和化解社会矛盾，妥善处置公共卫生、社会安全等影响国家安全和社会稳定的突发事件，促进社会和谐，维护公共安全和社会安定。

第三十条 **【生态环境保护】**国家完善生态环境保护制度体系，加大生态建设和环境保护力度，划定生态保护红线，强化生态风险的预警和防控，妥善处置突发环境事件，保障人民赖以生存发展的大气、水、土壤等自然环境和条件不受威胁和破坏，促进人与自然和谐发展。

第三十一条 **【核技术】**国家坚持和平利用核能和核技术，加强国际合作，防止核扩散，完善防扩散机制，加强对核设施、核材料、核活动和核废料处置的安全管理、监管和保护，加强核事故应急体系和应急能力建设，防止、控制和消除核事故对公民生命健康和生态环境的危害，不断增强有效应对和防范核威胁、核攻击的能力。

第三十二条 **【外层空间、国际海底区域、极地的探索利用】**国家坚持和平探索和利用外层空间、国际海底区域和极地，增强安全进出、科学考察、开发利用的能力，加强国际合作，维护我国在外层空间、国际海底区域和极地的活动、资产和其他利益的安全。

第三十三条 **【保护海外利益】**国家依法采取必要措施，保护海外中国公民、组织和机构的安全和正当权益，保护国家的海外利益不受威胁和侵害。

第三十四条 **【完善维护】**国家根据经济社会发展和国家发展利益的需要，不断完善维护国家安全的任务。

第三章 维护国家安全的职责

第三十五条 **【全国人大及常委会职权】**全国人民代表大会依照宪法规定，决定战争和和平的问题，行使宪法规定的涉及国家安全的其他职权。

全国人民代表大会常务委员会依照宪法规定，决定战争状态的宣布，决定全国总动员或者局部动员，决定全国或者个别省、自治区、直辖市进入紧急状态，行使宪法规定的和全国人民代表大会授予的涉及国家安全的其他职权。

第三十六条 **【主席职权】**中华人民共和国主席根据全国人民代表大会的决定和全国人民代表大会常务委员会的决定，宣布进入紧急状态，宣布战争状态，发布动员令，行使宪法规定的涉及国家安全的其他职权。

第三十七条 **【国务院职权】**国务院根据宪法和法律，制定涉及国家安全的行政法规，规定有关行政措施，发布有关决定和命令；实施国家安全法律法规和政策；依照法律规定决定省、自治区、直辖市的范围内部分地区进入紧急状态；行使宪法法律规定的和全国人民代表大会及其常务委员会授予的涉及国家安全的其他职权。

第三十八条 **【中央军事委员会职权】**中央军事委员会领导全国武装力量，决定军事战略和武装力量的作战方针，统一指挥维护国家安全的军事行动，制定涉及国家安全的军事法规，发布有关决定和命令。

第三十九条 **【中央国家机关职权】**中央国家机关各部门按照职责分工，贯彻执行国家安全方针政策和法律法规，管理指导本系统、本领域国家安全工作。

第四十条 **【地方各级人大及其常委会、人民政府、特别行政区职权】**地方各级人民代表大会和县级以上地方各级人民代表大会常务委员会在本行政区域内，保证国家安全法律法规的遵守和执行。

地方各级人民政府依照法律法规规定管理本行政区域内的国家安全工作。

香港特别行政区、澳门特别行政区应当履行维护国家安全的责任。

第四十一条 **【法院、检察院职权】**人民法院依照法律规定行使审判权，人民检察院依照法律规定行使检察权，惩治危害国家安全的犯罪。

第四十二条 【国家安全机关、公安机关、军事机关职权】国家安全机关、公安机关依法搜集涉及国家安全的情报信息,在国家安全工作中依法行使侦查、拘留、预审和执行逮捕以及法律规定的其他职权。

有关军事机关在国家安全工作中依法行使相关职权。

第四十三条 【国家机关及其工作人员依法履行职责】国家机关及其工作人员在履行职责时,应当贯彻维护国家安全的原则。

国家机关及其工作人员在国家安全工作和涉及国家安全活动中,应当严格依法履行职责,不得超越职权、滥用职权,不得侵犯个人和组织的合法权益。

第四章 国家安全制度

第一节 一般规定

第四十四条 【统分结合、协调高效的领导机制】中央国家安全领导机构实行统分结合、协调高效的国家安全制度与工作机制。

第四十五条 【重点领域工作协调机制】国家建立国家安全重点领域工作协调机制,统筹协调中央有关职能部门推进相关工作。

第四十六条 【督促检查和责任追究机制】国家建立国家安全工作督促检查和责任追究机制,确保国家安全战略和重大部署贯彻落实。

第四十七条 【采取有效措施】各部门、各地区应当采取有效措施,贯彻实施国家安全战略。

第四十八条 【跨部门会商工作机制】国家根据维护国家安全工作需要,建立跨部门会商工作机制,就维护国家安全工作的重大事项进行会商研判,提出意见和建议。

第四十九条 【协同联动机制】国家建立中央与地方之间、部门之间、军地之间以及地区之间关于国家安全的协同联动机制。

第五十条 【决策咨询机制】国家建立国家安全决策咨询机制,组织专家和有关方面开展对国家安全形势的分析研判,推进国家安全的科学决策。

第二节 情报信息

第五十一条 【情报信息工作协调机制】国家健全统一归口、反应灵敏、准确高效、运转顺畅的情报信息收集、研判和使用制度，建立情报信息工作协调机制，实现情报信息的及时收集、准确研判、有效使用和共享。

第五十二条 【职责分工、及时上报机制】国家安全机关、公安机关、有关军事机关根据职责分工，依法搜集涉及国家安全的情报信息。

国家机关各部门在履行职责过程中，对于获取的涉及国家安全的有关信息应当及时上报。

第五十三条 【运用现代科技手段】开展情报信息工作，应当充分运用现代科学技术手段，加强对情报信息的鉴别、筛选、综合和研判分析。

第五十四条 【情报信息报送】情报信息的报送应当及时、准确、客观，不得迟报、漏报、瞒报和谎报。

第三节 风险预防、评估和预警

第五十五条 【国家安全风险预案】国家制定完善应对各领域国家安全风险预案。

第五十六条 【风险评估机制】国家建立国家安全风险评估机制，定期开展各领域国家安全风险调查评估。

有关部门应当定期向中央国家安全领导机构提交国家安全风险评估报告。

第五十七条 【风险监测预警制度】国家健全国家安全风险监测预警制度，根据国家安全风险程度，及时发布相应风险预警。

第五十八条 【报告制度】对可能即将发生或者已经发生的危害国家安全的事件，县级以上地方人民政府及其有关主管部门应当立即按照规定向上一级人民政府及其有关主管部门报告，必要时可以越级上报。

第四节 审查监管

第五十九条 【审查监管制度】国家建立国家安全审查和监管的制度和机制，对影响或者可能影响国家安全的外商投资、特定物项和关键技术、网络信息技术产品和服务、涉及国家安全事项的建设项目，以及其他重大事项和活动，进行国家安全审查，有效预防和化解国家安全风险。

第六十条 【依法审查及监督】中央国家机关各部门依照法律、行政法规行使国家安全审查职责，依法作出国家安全审查决定或者提出安全审查意见并监督执行。

第六十一条 【省、自治区、直辖市审查监管】省、自治区、直辖市依法负责本行政区域内有关国家安全审查和监管工作。

第五节 危机管控

第六十二条 【国家安全危机管控制度】国家建立统一领导、协同联动、有序高效的国家安全危机管控制度。

第六十三条 【应急预案】发生危及国家安全的重大事件，中央有关部门和有关地方根据中央国家安全领导机构的统一部署，依法启动应急预案，采取管控处置措施。

第六十四条 【特别重大事件依法采取措施】发生危及国家安全的特别重大事件，需要进入紧急状态、战争状态或者进行全国总动员、局部动员的，由全国人民代表大会、全国人民代表大会常务委员会或者国务院依照宪法和有关法律规定的权限和程序决定。

第六十五条 【特别措施】国家决定进入紧急状态、战争状态或者实施国防动员后，履行国家安全危机管控职责的有关机关依照法律规定或者全国人民代表大会常务委员会规定，有权采取限制公民和组织权利、增加公民和组织义务的特别措施。

第六十六条 【措施选择】履行国家安全危机管控职责的有关机关依法采取处置国家安全危机的管控措施，应当与国家安全危机可能造成的危害的性质、程度和范围相适应；有多种措施可供选择的，应当选择有利于最大程度保护公民、组织权益的措施。

第六十七条 【信息报告和发布机制】国家健全国家安全危机的信息报告和发布机制。

国家安全危机事件发生后，履行国家安全危机管控职责的有关机关，应当按照规定准确、及时报告，并依法将有关国家安全危机事件发生、发展、管控处置及善后情况统一向社会发布。

第六十八条 【解除措施】国家安全威胁和危害得到控制或者消除后，应当及时解除管控处置措施，做好善后工作。

第五章　国家安全保障

第六十九条　【国家安全保障体系】国家健全国家安全保障体系，增强维护国家安全的能力。

第七十条　【国家安全法律体系】国家健全国家安全法律制度体系，推动国家安全法治建设。

第七十一条　【经费和装备】国家加大对国家安全各项建设的投入，保障国家安全工作所需经费和装备。

第七十二条　【战略物资储备】承担国家安全战略物资储备任务的单位，应当按照国家有关规定和标准对国家安全物资进行收储、保管和维护，定期调整更换，保证储备物资的使用效能和安全。

第七十三条　【鼓励科技创新】鼓励国家安全领域科技创新，发挥科技在维护国家安全中的作用。

第七十四条　【工作人员制度】国家采取必要措施，招录、培养和管理国家安全工作专门人才和特殊人才。

根据维护国家安全工作的需要，国家依法保护有关机关专门从事国家安全工作人员的身份和合法权益，加大人身保护和安置保障力度。

第七十五条　【支持配合】国家安全机关、公安机关、有关军事机关开展国家安全专门工作，可以依法采取必要手段和方式，有关部门和地方应当在职责范围内提供支持和配合。

第七十六条　【宣传教育】国家加强国家安全新闻宣传和舆论引导，通过多种形式开展国家安全宣传教育活动，将国家安全教育纳入国民教育体系和公务员教育培训体系，增强全民国家安全意识。

第六章　公民、组织的义务和权利

第七十七条　【履行义务】公民和组织应当履行下列维护国家安全的义务：

（一）遵守宪法、法律法规关于国家安全的有关规定；

（二）及时报告危害国家安全活动的线索；

（三）如实提供所知悉的涉及危害国家安全活动的证据；

（四）为国家安全工作提供便利条件或者其他协助；

（五）向国家安全机关、公安机关和有关军事机关提供必要的支持和协助；

（六）保守所知悉的国家秘密；

（七）法律、行政法规规定的其他义务。

任何个人和组织不得有危害国家安全的行为，不得向危害国家安全的个人或者组织提供任何资助或者协助。

第七十八条 **【安全教育】**机关、人民团体、企业事业组织和其他社会组织应当对本单位的人员进行维护国家安全的教育，动员、组织本单位的人员防范、制止危害国家安全的行为。

第七十九条 **【配合义务】**企业事业组织根据国家安全工作的要求，应当配合有关部门采取相关安全措施。

第八十条 **【法律保护】**公民和组织支持、协助国家安全工作的行为受法律保护。

因支持、协助国家安全工作，本人或者其近亲属的人身安全面临危险的，可以向公安机关、国家安全机关请求予以保护。公安机关、国家安全机关应当会同有关部门依法采取保护措施。

第八十一条 **【抚恤优待】**公民和组织因支持、协助国家安全工作导致财产损失的，按照国家有关规定给予补偿；造成人身伤害或者死亡的，按照国家有关规定给予抚恤优待。

第八十二条 **【申诉、控告、检举权利】**公民和组织对国家安全工作有向国家机关提出批评建议的权利，对国家机关及其工作人员在国家安全工作中的违法失职行为有提出申诉、控告和检举的权利。

第八十三条 **【特别措施】**在国家安全工作中，需要采取限制公民权利和自由的特别措施时，应当依法进行，并以维护国家安全的实际需要为限度。

第七章　附　　则

第八十四条 **【施行日期】**本法自公布之日起施行。

公民举报危害国家安全行为奖励办法

2022年6月6日国家安全部令第2号公布施行

第一章 总 则

第一条 为了鼓励公民举报危害国家安全行为，规范危害国家安全行为举报奖励工作，动员全社会力量共同维护国家安全，根据《中华人民共和国国家安全法》、《中华人民共和国反间谍法》、《中华人民共和国反间谍法实施细则》等法律法规，制定本办法。

第二条 国家安全机关在法定职责范围内对公民举报危害国家安全行为实施奖励，适用本办法。

第三条 对举报危害国家安全行为的公民实施奖励，应当贯彻总体国家安全观，坚持国家安全一切为了人民、一切依靠人民，坚持专门工作与群众路线相结合，坚持客观公正、依法依规。

第四条 公民可以通过下列方式向国家安全机关举报：

（一）拨打国家安全机关12339举报受理电话；

（二）登录国家安全机关互联网举报受理平台网站www.12339.gov.cn；

（三）向国家安全机关投递信函；

（四）到国家安全机关当面举报；

（五）通过其他国家机关或者举报人所在单位向国家安全机关报告；

（六）其他举报方式。

第五条 公民可以实名或者匿名进行举报。实名举报应当提供真实身份信息和有效联系方式。匿名举报人有奖励诉求的，应当提供能够辨识其举报身份的信息。

提倡和鼓励实名举报。

第六条 国家安全机关以及依法知情的其他组织和个人应当严格为举报

人保密,未经举报人同意,不得以任何方式泄露举报人身份相关信息。

因举报危害国家安全行为,举报人本人或者其近亲属的人身安全面临危险的,可以向国家安全机关请求予以保护。国家安全机关应当会同有关部门依法采取有效保护措施。国家安全机关认为有必要的,应当依职权及时、主动采取保护措施。

第七条 国家安全机关会同宣传主管部门,协调和指导广播、电视、报刊、互联网等媒体对举报危害国家安全行为的渠道方式、典型案例、先进事迹等进行宣传,制作、刊登、播放有关公益广告、宣传教育节目或者其他宣传品,增强公民维护国家安全意识,提高公民举报危害国家安全行为的积极性、主动性。

第二章 奖励条件、方式和标准

第八条 获得举报奖励应当同时符合下列条件:

(一)有明确的举报对象,或者具体的危害国家安全行为线索或者情况;

(二)举报事项事先未被国家安全机关掌握,或者虽被国家安全机关有所掌握,但举报人提供的情况更为具体详实;

(三)举报内容经国家安全机关查证属实,为防范、制止和惩治危害国家安全行为发挥了作用、作出了贡献。

第九条 有下列情形之一的,不予奖励或者不予重复奖励:

(一)国家安全机关工作人员或者其他具有法定职责的人员举报的,不予奖励;

(二)无法验证举报人身份,或者无法与举报人取得联系的,不予奖励;

(三)最终认定的违法事实与举报事项不一致的,不予奖励;

(四)对同一举报人的同一举报事项,不予重复奖励;对同一举报人提起的两个或者两个以上有包含关系的举报事项,相同内容部分不予重复奖励;

(五)经由举报线索调查发现新的危害国家安全行为或者违法主体的,不予重复奖励;

(六)其他不符合法律法规规章规定的奖励情形。

第十条 两人及两人以上举报的，按照下列规则进行奖励认定：

（一）同一事项由两个及两个以上举报人分别举报的，奖励最先举报人，举报次序以国家安全机关受理举报的登记时间为准，最先举报人以外的其他举报人可以酌情给予奖励；

（二）两人及两人以上联名举报同一线索或者情况的，按同一举报奖励。

第十一条 国家安全机关根据违法线索查证结果、违法行为危害程度、举报发挥作用情况等，综合评估确定奖励等级，给予精神奖励或者物质奖励。

给予精神奖励的，颁发奖励证书；给予物质奖励的，发放奖金。

征得举报人及其所在单位同意后，可以由举报人所在单位对举报人实施奖励。

第十二条 以发放奖金方式进行奖励的，具体标准如下：

（一）对防范、制止和惩治危害国家安全行为发挥一定作用、作出一定贡献的，给予人民币1万元以下奖励；

（二）对防范、制止和惩治危害国家安全行为发挥重要作用、作出重要贡献的，给予人民币1万元至3万元奖励；

（三）对防范、制止和惩治严重危害国家安全行为发挥重大作用、作出重大贡献的，给予人民币3万元至10万元奖励；

（四）对防范、制止和惩治严重危害国家安全行为发挥特别重大作用、作出特别重大贡献的，给予人民币10万元以上奖励。

第三章　奖励程序

第十三条 对于符合本办法规定的奖励条件的举报，应当在举报查证属实、依法对危害国家安全行为作出处理后30个工作日内，由设区的市级以上国家安全机关启动奖励程序。

第十四条 国家安全机关应当根据本办法第十一条、第十二条，认定奖励等级，作出奖励决定。

第十五条 国家安全机关应当在作出奖励决定之日起10个工作日内，以适当方式将奖励决定告知举报人。

举报人放弃奖励的，终止奖励程序。

第十六条 举报人应当在被告知奖励决定之日起6个月内，由本人或者委托他人领取奖励。

因特殊情况无法按期领取奖励的，可以延长奖励领取期限，最长不超过3年。举报人无正当理由逾期未领取奖励的，视为主动放弃。

第十七条 征得举报人同意后，国家安全机关可以单独或者会同有关单位，在做好安全保密工作的前提下举行奖励仪式。

第十八条 公民举报危害国家安全行为奖励经费按规定纳入国家安全机关部门预算。

第十九条 国家安全机关应当加强对举报奖金的发放管理。举报奖金的发放，应当依法接受监督。

第四章 法律责任

第二十条 国家安全机关工作人员有下列情形之一的，对负有责任的领导人员和直接责任人员依规依纪依法予以处理；构成犯罪的，依法追究刑事责任：

（一）伪造或者教唆、伙同他人伪造举报材料，冒领举报奖金的；

（二）泄露举报或者举报人信息的；

（三）利用在职务活动中知悉的危害国家安全行为有关线索或者情况，通过他人以举报的方式获取奖励的；

（四）未认真核实举报情况，导致不符合奖励条件的举报人获得奖励的；

（五）对符合举报奖励条件的举报人，无正当理由未按规定要求或者期限给予奖励的；

（六）其他依规依纪依法应当追究责任的情形。

第二十一条 举报人有下列情形之一的，依法予以处理；构成犯罪的，依法追究刑事责任：

（一）借举报之名故意捏造事实诬告、陷害他人的；

（二）弄虚作假骗取奖金的；

（三）恶意举报或者以举报为名制造事端，干扰国家安全机关工作的；

（四）泄露举报中知悉的国家秘密或者工作秘密，造成不良后果或者影响的。

举报人有前款规定情形之一，已经启动奖励程序的，应当终止奖励程序；已经作出奖励决定的，应当予以撤销；已经实施奖励的，应当予以追回。

第二十二条 举报人所在单位有下列情形之一的，依法予以处理：

（一）举报人向所在单位报告危害国家安全行为线索或者情况后，单位不及时向国家安全机关报告或者漏报、瞒报，造成不良后果或者影响的；

（二）举报人向国家安全机关报告危害国家安全行为线索或者情况后，单位对举报人实施打击、报复的。

第五章 附 则

第二十三条 对境外人员举报实施奖励，适用本办法的有关规定。

第二十四条 本办法自公布之日起施行。

反分裂国家法

1. 2005年3月14日第十届全国人民代表大会第三次会议通过
2. 2005年3月14日中华人民共和国主席令第34号公布
3. 自公布之日起施行

第一条 **【立法目的】**为了反对和遏制“台独”分裂势力分裂国家，促进祖国和平统一，维护台湾海峡地区和平稳定，维护国家主权和领土完整，维护中华民族的根本利益，根据宪法，制定本法。

第二条 **【一个中国原则】**世界上只有一个中国，大陆和台湾同属一个中国，中国的主权和领土完整不容分割。维护国家主权和领土完整是包括台湾同胞在内的全中国人民的共同义务。

台湾是中国的一部分。国家绝不允许“台独”分裂势力以任何名义、任何方式把台湾从中国分裂出去。

第三条 **【台湾问题是内政】**台湾问题是中国内战的遗留问题。

解决台湾问题，实现祖国统一，是中国的内部事务，不受任何外国势力的干涉。

第四条 【完成祖国统一的神圣职责】完成统一祖国的大业是包括台湾同胞在内的全中国人民的神圣职责。

第五条 【和平统一与高度自治】坚持一个中国原则，是实现祖国和平统一的基础。

以和平方式实现祖国统一，最符合台湾海峡两岸同胞的根本利益。国家以最大的诚意，尽最大的努力，实现和平统一。

国家和平统一后，台湾可以实行不同于大陆的制度，高度自治。

第六条 【国家可采取的措施】国家采取下列措施，维护台湾海峡地区和平稳定，发展两岸关系：

（一）鼓励和推动两岸人员往来，增进了解，增强互信；

（二）鼓励和推动两岸经济交流与合作，直接通邮通航通商，密切两岸经济关系，互利互惠；

（三）鼓励和推动两岸教育、科技、文化、卫生、体育交流，共同弘扬中华文化的优秀传统；

（四）鼓励和推动两岸共同打击犯罪；

（五）鼓励和推动有利于维护台湾海峡地区和平稳定、发展两岸关系的其他活动。

国家依法保护台湾同胞的权利和利益。

第七条 【统一协商和谈判】国家主张通过台湾海峡两岸平等的协商和谈判，实现和平统一。协商和谈判可以有步骤、分阶段进行，方式可以灵活多样。

台湾海峡两岸可以就下列事项进行协商和谈判：

（一）正式结束两岸敌对状态；

（二）发展两岸关系的规划；

（三）和平统一的步骤和安排；

（四）台湾当局的政治地位；

（五）台湾地区在国际上与其地位相适应的活动空间；

（六）与实现和平统一有关的其他任何问题。

第八条 【非和平方式的采取】“台独”分裂势力以任何名义、任何方式造成台湾从中国分裂出去的事实，或者发生将会导致台湾从中国分裂出去的重大事变，或者和平统一的可能性完全丧失，国家得采取非和平方式及其他必要措施，捍卫国家主权和领土完整。

依照前款规定采取非和平方式及其他必要措施，由国务院、中央军事委员会决定和组织实施，并及时向全国人民代表大会常务委员会报告。

第九条 **【对非和平措施的限制】**依照本法规定采取非和平方式及其他必要措施并组织实施时，国家尽最大可能保护台湾平民和在台湾的外国人的生命财产安全和其他正当权益，减少损失；同时，国家依法保护台湾同胞在中国其他地区的权利和利益。

第十条 **【施行日期】**本法自公布之日起施行。

中华人民共和国反间谍法

1. 2014年11月1日第十二届全国人民代表大会常务委员会第十一次会议通过
2. 2023年4月26日第十四届全国人民代表大会常务委员会第二次会议修订

目　　录

第一章　总　　则

第一条 **【立法目的】**为了加强反间谍工作，防范、制止和惩治间谍行为，维护国家安全，保护人民利益，根据宪法，制定本法。

第二条 **【基本原则】**反间谍工作坚持党中央集中统一领导，坚持总体国家安全观,坚持公开工作与秘密工作相结合、专门工作与群众路线相结合,坚持积极防御、依法惩治、标本兼治,筑牢国家安全人民防线。

第三条 **【尊重和保障人权】**反间谍工作应当依法进行,尊重和保障人权,保障个人和组织的合法权益。

第四条 **【间谍行为】**本法所称间谍行为,是指下列行为:

(一)间谍组织及其代理人实施或者指使、资助他人实施,或者境内外机构、组织、个人与其相勾结实施的危害中华人民共和国国家安全的活动;

(二)参加间谍组织或者接受间谍组织及其代理人的任务,或者投靠间谍组织及其代理人;

(三)间谍组织及其代理人以外的其他境外机构、组织、个人实施或者指使、资助他人实施,或者境内机构、组织、个人与其相勾结实施的窃取、刺探、收买、非法提供国家秘密、情报以及其他关系国家安全和利益的文件、数据、资料、物品,或者策动、引诱、胁迫、收买国家工作人员叛变的活动;

(四)间谍组织及其代理人实施或者指使、资助他人实施,或者境内外机构、组织、个人与其相勾结实施针对国家机关、涉密单位或者关键信息基础设施等的网络攻击、侵入、干扰、控制、破坏等活动;

(五)为敌人指示攻击目标;

(六)进行其他间谍活动。

间谍组织及其代理人在中华人民共和国领域内,或者利用中华人民共和国的公民、组织或者其他条件,从事针对第三国的间谍活动,危害中华人民共和国国家安全的,适用本法。

第五条 **【统筹协调】**国家建立反间谍工作协调机制,统筹协调反间谍工作中的重大事项,研究、解决反间谍工作中的重大问题。

第六条 **【主管机关】**国家安全机关是反间谍工作的主管机关。

公安、保密等有关部门和军队有关部门按照职责分工,密切配合,加强协调,依法做好有关工作。

第七条 **【公民、国家机关及各单位的义务】**中华人民共和国公民有维护国家的安全、荣誉和利益的义务,不得有危害国家的安全、荣誉和利益的行为。

一切国家机关和武装力量、各政党和各人民团体、企业事业组织和其他社会组织，都有防范、制止间谍行为，维护国家安全的义务。

国家安全机关在反间谍工作中必须依靠人民的支持，动员、组织人民防范、制止间谍行为。

第八条 **【支持、协助反间谍工作】**任何公民和组织都应当依法支持、协助反间谍工作，保守所知悉的国家秘密和反间谍工作秘密。

第九条 **【保护和奖励】**国家对支持、协助反间谍工作的个人和组织给予保护。

对举报间谍行为或者在反间谍工作中做出重大贡献的个人和组织，按照国家有关规定给予表彰和奖励。

第十条 **【追究境外机构、组织、个人】**境外机构、组织、个人实施或者指使、资助他人实施的，或者境内机构、组织、个人与境外机构、组织、个人相勾结实施的危害中华人民共和国国家安全的间谍行为，都必须受到法律追究。

第十一条 **【国家安全机关及其工作人员的职责】**国家安全机关及其工作人员在工作中，应当严格依法办事，不得超越职权、滥用职权，不得侵犯个人和组织的合法权益。

国家安全机关及其工作人员依法履行反间谍工作职责获取的个人和组织的信息，只能用于反间谍工作。对属于国家秘密、工作秘密、商业秘密和个人隐私、个人信息的，应当保密。

第二章 安全防范

第十二条 **【国家机关、人民团体、企事业单位的安全防范责任】**国家机关、人民团体、企业事业组织和其他社会组织承担本单位反间谍安全防范工作的主体责任，落实反间谍安全防范措施，对本单位的人员进行维护国家安全的教育，动员、组织本单位的人员防范、制止间谍行为。

地方各级人民政府、相关行业主管部门按照职责分工，管理本行政区域、本行业有关反间谍安全防范工作。

国家安全机关依法协调指导、监督检查反间谍安全防范工作。

第十三条 **【反间谍宣传教育】**各级人民政府和有关部门应当组织开展反间谍安全防范宣传教育，将反间谍安全防范知识纳入教育、培训、普法宣传内容，增强全民反间谍安全防范意识和国家安全素养。

新闻、广播、电视、文化、互联网信息服务等单位，应当面向社会有针对性地开展反间谍宣传教育。

国家安全机关应当根据反间谍安全防范形势，指导有关单位开展反间谍宣传教育活动，提高防范意识和能力。

第十四条　【不得非法获取、持有属于国家秘密的物品】任何个人和组织都不得非法获取、持有属于国家秘密的文件、数据、资料、物品。

第十五条　【专用间谍器材管控】任何个人和组织都不得非法生产、销售、持有、使用间谍活动特殊需要的专用间谍器材。专用间谍器材由国务院国家安全主管部门依照国家有关规定确认。

第十六条　【举报及处理】任何公民和组织发现间谍行为，应当及时向国家安全机关举报；向公安机关等其他国家机关、组织举报的，相关国家机关、组织应当立即移送国家安全机关处理。

国家安全机关应当将受理举报的电话、信箱、网络平台等向社会公开，依法及时处理举报信息，并为举报人保密。

第十七条　【建立反间谍安全防范重点单位管理制度】国家建立反间谍安全防范重点单位管理制度。

反间谍安全防范重点单位应当建立反间谍安全防范工作制度，履行反间谍安全防范工作要求，明确内设职能部门和人员承担反间谍安全防范职责。

第十八条　【加强对工作人员的教育和管理】反间谍安全防范重点单位应当加强对工作人员反间谍安全防范的教育和管理，对离岗离职人员脱密期内履行反间谍安全防范义务的情况进行监督检查。

第十九条　【反间谍物理防范措施】反间谍安全防范重点单位应当加强对涉密事项、场所、载体等的日常安全防范管理，采取隔离加固、封闭管理、设置警戒等反间谍物理防范措施。

第二十条　【反间谍技术防范】反间谍安全防范重点单位应当按照反间谍技术防范的要求和标准，采取相应的技术措施和其他必要措施，加强对要害部门部位、网络设施、信息系统的反间谍技术防范。

第二十一条　【建设项目规划管理】在重要国家机关、国防军工单位和其他重要涉密单位以及重要军事设施的周边安全控制区域内新建、改建、扩建建设项目的，由国家安全机关实施涉及国家安全事项的建设项目许可。

县级以上地方各级人民政府编制国民经济和社会发展规划、国土空间规划等有关规划，应当充分考虑国家安全因素和划定的安全控制区域，征求国家安全机关的意见。

安全控制区域的划定应当统筹发展和安全，坚持科学合理、确有必要的原则，由国家安全机关会同发展改革、自然资源、住房城乡建设、保密、国防科技工业等部门以及军队有关部门共同划定，报省、自治区、直辖市人民政府批准并动态调整。

涉及国家安全事项的建设项目许可的具体实施办法，由国务院国家安全主管部门会同有关部门制定。

第二十二条　【反间谍技术防范标准】国家安全机关根据反间谍工作需要，可以会同有关部门制定反间谍技术防范标准，指导有关单位落实反间谍技术防范措施，对存在隐患的单位，经过严格的批准手续，可以进行反间谍技术防范检查和检测。

第三章　调查处置

第二十三条　【国家安全机关的职权】国家安全机关在反间谍工作中依法行使本法和有关法律规定的职权。

第二十四条　【查验、问询】国家安全机关工作人员依法执行反间谍工作任务时，依照规定出示工作证件，可以查验中国公民或者境外人员的身份证明，向有关个人和组织问询有关情况，对身份不明、有间谍行为嫌疑的人员，可以查看其随带物品。

第二十五条　【查验电子设备、设施及有关程序、工具】国家安全机关工作人员依法执行反间谍工作任务时，经设区的市级以上国家安全机关负责人批准，出示工作证件，可以查验有关个人和组织的电子设备、设施及有关程序、工具。查验中发现存在危害国家安全情形的，国家安全机关应当责令其采取措施立即整改。拒绝整改或者整改后仍存在危害国家安全隐患的，可以予以查封、扣押。

对依照前款规定查封、扣押的电子设备、设施及有关程序、工具，在危害国家安全的情形消除后，国家安全机关应当及时解除查封、扣押。

第二十六条　【有关个人和组织予以配合】国家安全机关工作人员依法执行反间谍工作任务时，根据国家有关规定，经设区的市级以上国家安全机关负责人批准，可以查阅、调取有关的文件、数据、资料、物品，有关个人和组织应当予以配合。查阅、调取不得超出执行反间谍工作任务所需的范围和限度。

第二十七条　【传唤】需要传唤违反本法的人员接受调查的，经国家安全机关办案部门负责人批准，使用传唤证传唤。对现场发现的违反本法的人员，国家安全机关工作人员依照规定出示工作证件，可以口头传唤，但应当在询问笔录中注明。传唤的原因和依据应当告知被传唤人。对无正当理由拒不接受传唤或者逃避传唤的人，可以强制传唤。

国家安全机关应当在被传唤人所在市、县内的指定地点或者其住所进行询问。

国家安全机关对被传唤人应当及时询问查证。询问查证的时间不得超过八小时；情况复杂，可能适用行政拘留或者涉嫌犯罪的，询问查证的时间不得超过二十四小时。国家安全机关应当为被传唤人提供必要的饮食和休息时间。严禁连续传唤。

除无法通知或者可能妨碍调查的情形以外，国家安全机关应当及时将传唤的原因通知被传唤人家属。在上述情形消失后，应当立即通知被传唤人家属。

第二十八条　【检查】国家安全机关调查间谍行为，经设区的市级以上国家安全机关负责人批准，可以依法对涉嫌间谍行为的人身、物品、场所进行检查。

检查女性身体的，应当由女性工作人员进行。

第二十九条　【查询财产信息】国家安全机关调查间谍行为，经设区的市级以上国家安全机关负责人批准，可以查询涉嫌间谍行为人员的相关财产信息。

第三十条　【查封、扣押、冻结】国家安全机关调查间谍行为，经设区的市级以上国家安全机关负责人批准，可以对涉嫌用于间谍行为的场所、设施或者财物依法查封、扣押、冻结；不得查封、扣押、冻结与被调查的间谍行为无关的场所、设施或者财物。

第三十一条　【采取查阅、调取、传唤等措施的程序和要求】国家安全机关工作人员在反间谍工作中采取查阅、调取、传唤、检查、查询、查封、扣押、冻结等措施，应当由二人以上进行，依照有关规定出示工作证件及相关法律文书，并由相关人员在有关笔录等书面材料上签名、盖章。

国家安全机关工作人员进行检查、查封、扣押等重要取证工作，应当对全过程进行录音录像，留存备查。

第三十二条　【如实提供证据】在国家安全机关调查了解有关间谍行为的情况、收集有关证据时，有关个人和组织应当如实提供，不得拒绝。

第三十三条　【出境限制】对出境后可能对国家安全造成危害，或者对国家利益造成重大损失的中国公民，国务院国家安全主管部门可以决定其在一定期限内不准出境，并通知移民管理机构。

对涉嫌间谍行为人员，省级以上国家安全机关可以通知移民管理机构不准其出境。

第三十四条　【入境管控】对入境后可能进行危害中华人民共和国国家安全活动的境外人员，国务院国家安全主管部门可以通知移民管理机构不准其入境。

第三十五条　【撤销不准出境、入境决定】对国家安全机关通知不准出境或者不准入境的人员，移民管理机构应当按照国家有关规定执行；不准出境、入境情形消失的，国家安全机关应当及时撤销不准出境、入境决定，并通知移民管理机构。

第三十六条　【网络风险应对】国家安全机关发现涉及间谍行为的网络信息内容或者网络攻击等风险，应当依照《中华人民共和国网络安全法》规定的职责分工，及时通报有关部门，由其依法处置或者责令电信业务经营者、互联网服务提供者及时采取修复漏洞、加固网络防护、停止传输、消除程序和内容、暂停相关服务、下架相关应用、关闭相关网站等措施，保存相关记录。情况紧急，不立即采取措施将对国家安全造成严重危害的，由国家安全机关责令有关单位修复漏洞、停止相关传输、暂停相关服务，并通报有关部门。

经采取相关措施，上述信息内容或者风险已经消除的，国家安全机关和有关部门应当及时作出恢复相关传输和服务的决定。

第三十七条　【技术侦察和身份保护措施】国家安全机关因反间谍工作需要，根据国家有关规定，经过严格的批准手续，可以采取技术侦察措施和身份保护措施。

第三十八条 **【鉴定和评估】**对违反本法规定，涉嫌犯罪，需要对有关事项是否属于国家秘密或者情报进行鉴定以及需要对危害后果进行评估的，由国家保密部门或者省、自治区、直辖市保密部门按照程序在一定期限内进行鉴定和组织评估。

第三十九条 **【立案侦查】**国家安全机关经调查，发现间谍行为涉嫌犯罪的，应当依照《中华人民共和国刑事诉讼法》的规定立案侦查。

第四章 保障与监督

第四十条 **【执行职务受法律保护】**国家安全机关工作人员依法履行职责，受法律保护。

第四十一条 **【物流运营单位、电信业务经营者、互联网服务提供者的义务】**国家安全机关依法调查间谍行为，邮政、快递等物流运营单位和电信业务经营者、互联网服务提供者应当提供必要的支持和协助。

第四十二条 **【执行紧急任务交通优先】**国家安全机关工作人员因执行紧急任务需要，经出示工作证件，享有优先乘坐公共交通工具、优先通行等通行便利。

第四十三条 **【进入有关场所】**国家安全机关工作人员依法执行任务时，依照规定出示工作证件，可以进入有关场所、单位；根据国家有关规定，经过批准，出示工作证件，可以进入限制进入的有关地区、场所、单位。

第四十四条 **【优先使用与依法征用】**国家安全机关因反间谍工作需要，根据国家有关规定，可以优先使用或者依法征用国家机关、人民团体、企业事业组织和其他社会组织以及个人的交通工具、通信工具、场地和建筑物等，必要时可以设置相关工作场所和设施设备，任务完成后应当及时归还或者恢复原状，并依照规定支付相应费用；造成损失的，应当给予补偿。

第四十五条 **【通关便利】**国家安全机关因反间谍工作需要，根据国家有关规定，可以提请海关、移民管理等检查机关对有关人员提供通关便利，对有关资料、器材等予以免检。有关检查机关应当依法予以协助。

第四十六条 **【保护、营救和补偿】**国家安全机关工作人员因执行任务，或者个人因协助执行反间谍工作任务，本人或者其近亲属的人身安全受到威胁时,国家安全机关应当会同有关部门依法采取必要措施,予以保护、营救。

个人因支持、协助反间谍工作,本人或者其近亲属的人身安全面临危险的,可以向国家安全机关请求予以保护。国家安全机关应当会同有关部门依法采取保护措施。

个人和组织因支持、协助反间谍工作导致财产损失的,根据国家有关规定给予补偿。

第四十七条 **【妥善安置】**对为反间谍工作做出贡献并需要安置的人员,国家给予妥善安置。

公安、民政、财政、卫生健康、教育、人力资源和社会保障、退役军人事务、医疗保障、移民管理等有关部门以及国有企业事业单位应当协助国家安全机关做好安置工作。

第四十八条 **【抚恤优待】**对因开展反间谍工作或者支持、协助反间谍工作导致伤残或者牺牲、死亡的人员,根据国家有关规定给予相应的抚恤优待。

第四十九条 **【科技创新】**国家鼓励反间谍领域科技创新,发挥科技在反间谍工作中的作用。

第五十条 **【人才建设】**国家安全机关应当加强反间谍专业力量人才队伍建设和专业训练,提升反间谍工作能力。

对国家安全机关工作人员应当有计划地进行政治、理论和业务培训。培训应当坚持理论联系实际、按需施教、讲求实效,提高专业能力。

第五十一条 **【安全审查】**国家安全机关应当严格执行内部监督和安全审查制度,对其工作人员遵守法律和纪律等情况进行监督,并依法采取必要措施,定期或者不定期进行安全审查。

第五十二条 **【检举、控告】**任何个人和组织对国家安全机关及其工作人员超越职权、滥用职权和其他违法行为,都有权向上级国家安全机关或者监察机关、人民检察院等有关部门检举、控告。受理检举、控告的国家安全机关或者监察机关、人民检察院等有关部门应当及时查清事实,依法处理,并将处理结果及时告知检举人、控告人。

对支持、协助国家安全机关工作或者依法检举、控告的个人和组织,任何个人和组织不得压制和打击报复。

第五章 法律责任

第五十三条 【刑事责任】实施间谍行为，构成犯罪的，依法追究刑事责任。

第五十四条 【行政处罚】个人实施间谍行为，尚不构成犯罪的，由国家安全机关予以警告或者处十五日以下行政拘留，单处或者并处五万元以下罚款，违法所得在五万元以上的，单处或者并处违法所得一倍以上五倍以下罚款，并可以由有关部门依法予以处分。

明知他人实施间谍行为，为其提供信息、资金、物资、劳务、技术、场所等支持、协助，或者窝藏、包庇，尚不构成犯罪的，依照前款的规定处罚。

单位有前两款行为的，由国家安全机关予以警告，单处或者并处五十万元以下罚款，违法所得在五十万元以上的，单处或者并处违法所得一倍以上五倍以下罚款，并对直接负责的主管人员和其他直接责任人员，依照第一款的规定处罚。

国家安全机关根据相关单位、人员违法情节和后果，可以建议有关主管部门依法责令停止从事相关业务、提供相关服务或者责令停产停业、吊销有关证照、撤销登记。有关主管部门应当将作出行政处理的情况及时反馈国家安全机关。

第五十五条 【自首、立功】实施间谍行为，有自首或者立功表现的，可以从轻、减轻或者免除处罚；有重大立功表现的，给予奖励。

在境外受胁迫或者受诱骗参加间谍组织、敌对组织，从事危害中华人民共和国国家安全的活动，及时向中华人民共和国驻外机构如实说明情况，或者入境后直接或者通过所在单位及时向国家安全机关如实说明情况，并有悔改表现的，可以不予追究。

第五十六条 【未履行反间谍安全防范义务的法律责任】国家机关、人民团体、企业事业组织和其他社会组织未按照本法规定履行反间谍安全防范义务的，国家安全机关可以责令改正；未按照要求改正的，国家安全机关可以约谈相关负责人，必要时可以将约谈情况通报该单位上级主管部门；产生危害后果或者不良影响的，国家安全机关可以予以警告、通报批评；情节严重的，对负有责任的领导人员和直接责任人员，由有关部门依法予以处分。

第五十七条 **【违规建设的法律责任】**违反本法第二十一条规定新建、改建、扩建建设项目的，由国家安全机关责令改正，予以警告；拒不改正或者情节严重的，责令停止建设或者使用、暂扣或者吊销许可证件，或者建议有关主管部门依法予以处理。

第五十八条 **【物流运营单位、电信业务经营者、互联网服务提供者违规的法律责任】**违反本法第四十一条规定的，由国家安全机关责令改正，予以警告或者通报批评；拒不改正或者情节严重的，由有关主管部门依照相关法律法规予以处罚。

第五十九条 **【拒不配合数据调取的法律责任】**违反本法规定，拒不配合数据调取的，由国家安全机关依照《中华人民共和国数据安全法》的有关规定予以处罚。

第六十条 **【涉嫌刑事犯罪及行政处罚】**违反本法规定，有下列行为之一，构成犯罪的，依法追究刑事责任；尚不构成犯罪的，由国家安全机关予以警告或者处十日以下行政拘留，可以并处三万元以下罚款：

（一）泄露有关反间谍工作的国家秘密；

（二）明知他人有间谍犯罪行为，在国家安全机关向其调查有关情况、收集有关证据时，拒绝提供；

（三）故意阻碍国家安全机关依法执行任务；

（四）隐藏、转移、变卖、损毁国家安全机关依法查封、扣押、冻结的财物；

（五）明知是间谍行为的涉案财物而窝藏、转移、收购、代为销售或者以其他方法掩饰、隐瞒；

（六）对依法支持、协助国家安全机关工作的个人和组织进行打击报复。

第六十一条 **【非法获取、持有国家秘密的法律责任】**非法获取、持有属于国家秘密的文件、数据、资料、物品，以及非法生产、销售、持有、使用专用间谍器材，尚不构成犯罪的，由国家安全机关予以警告或者处十日以下行政拘留。

第六十二条 **【对查封、扣押、冻结财物的处理】**国家安全机关对依照本法查封、扣押、冻结的财物，应当妥善保管，并按照下列情形分别处理：

（一）涉嫌犯罪的，依照《中华人民共和国刑事诉讼法》等有关法律的规定处理；

（二）尚不构成犯罪，有违法事实的，对依法应当没收的予以没收，依法应当销毁的予以销毁；

（三）没有违法事实的，或者与案件无关的，应当解除查封、扣押、冻结，并及时返还相关财物；造成损失的，应当依法予以赔偿。

第六十三条　【对涉案财物的处理】涉案财物符合下列情形之一的，应当依法予以追缴、没收，或者采取措施消除隐患：

（一）违法所得的财物及其孳息、收益，供实施间谍行为所用的本人财物；

（二）非法获取、持有的属于国家秘密的文件、数据、资料、物品；

（三）非法生产、销售、持有、使用的专用间谍器材。

第六十四条　【对非法获取利益的处理】行为人及其近亲属或者其他相关人员，因行为人实施间谍行为从间谍组织及其代理人获取的所有利益，由国家安全机关依法采取追缴、没收等措施。

第六十五条　【上缴国库】国家安全机关依法收缴的罚款以及没收的财物，一律上缴国库。

第六十六条　【境外人员违法的法律责任】境外人员违反本法的，国务院国家安全主管部门可以决定限期出境，并决定其不准入境的期限。未在规定期限内离境的，可以遣送出境。

对违反本法的境外人员，国务院国家安全主管部门决定驱逐出境的，自被驱逐出境之日起十年内不准入境，国务院国家安全主管部门的处罚决定为最终决定。

第六十七条　【行政处罚前的告知】国家安全机关作出行政处罚决定之前，应当告知当事人拟作出的行政处罚内容及事实、理由、依据，以及当事人依法享有的陈述、申辩、要求听证等权利，并依照《中华人民共和国行政处罚法》的有关规定实施。

第六十八条　【行政复议】当事人对行政处罚决定、行政强制措施决定、行政许可决定不服的，可以自收到决定书之日起六十日内，依法申请复议；对复议决定不服的，可以自收到复议决定书之日起十五日内，依法向人民法院提起诉讼。

第六十九条 【国家安全机关工作人员的法律责任】国家安全机关工作人员滥用职权、玩忽职守、徇私舞弊，或者有非法拘禁、刑讯逼供、暴力取证、违反规定泄露国家秘密、工作秘密、商业秘密和个人隐私、个人信息等行为，依法予以处分，构成犯罪的，依法追究刑事责任。

第六章 附 则

第七十条 【参照适用】国家安全机关依照法律、行政法规和国家有关规定，履行防范、制止和惩治间谍行为以外的危害国家安全行为的职责，适用本法的有关规定。

公安机关在依法履行职责过程中发现、惩治危害国家安全的行为，适用本法的有关规定。

第七十一条 【施行日期】本法自 2023 年 7 月 1 日起施行。

中华人民共和国反间谍法实施细则

1. 2017 年 11 月 22 日国务院令第 692 号公布
2. 自公布之日起施行

第一章 总 则

第一条 根据《中华人民共和国反间谍法》(以下简称《反间谍法》)，制定本实施细则。

第二条 国家安全机关负责本细则的实施。

公安、保密行政管理等其他有关部门和军队有关部门按照职责分工，密切配合，加强协调，依法做好有关工作。

第三条 《反间谍法》所称“境外机构、组织”包括境外机构、组织在中华人民共和国境内设立的分支(代表)机构和分支组织；所称“境外个人”包括居住在中华人民共和国境内不具有中华人民共和国国籍的人。

第四条 《反间谍法》所称“间谍组织代理人”，是指受间谍组织或者其成员的指使、委托、资助，进行或者授意、指使他人进行危害中华人民共和国国家安全活动的人。

间谍组织和间谍组织代理人由国务院国家安全主管部门确认。

第五条 《反间谍法》所称“敌对组织”，是指敌视中华人民共和国人民民主专政的政权和社会主义制度，危害国家安全的组织。

敌对组织由国务院国家安全主管部门或者国务院公安部门确认。

第六条 《反间谍法》所称“资助”实施危害中华人民共和国国家安全的间谍行为，是指境内外机构、组织、个人的下列行为：

（一）向实施间谍行为的组织、个人提供经费、场所和物资的；

（二）向组织、个人提供用于实施间谍行为的经费、场所和物资的。

第七条 《反间谍法》所称“勾结”实施危害中华人民共和国国家安全的间谍行为，是指境内外组织、个人的下列行为：

（一）与境外机构、组织、个人共同策划或者进行危害国家安全的间谍活动的；

（二）接受境外机构、组织、个人的资助或者指使，进行危害国家安全的间谍活动的；

（三）与境外机构、组织、个人建立联系，取得支持、帮助，进行危害国家安全的间谍活动的。

第八条 下列行为属于《反间谍法》第三十九条所称“间谍行为以外的其他危害国家安全行为”：

（一）组织、策划、实施分裂国家、破坏国家统一，颠覆国家政权、推翻社会主义制度的；

（二）组织、策划、实施危害国家安全的恐怖活动的；

（三）捏造、歪曲事实，发表、散布危害国家安全的文字或者信息，或者制作、传播、出版危害国家安全的音像制品或者其他出版物的；

（四）利用设立社会团体或者企业事业组织，进行危害国家安全活动的；

（五）利用宗教进行危害国家安全活动的；

（六）组织、利用邪教进行危害国家安全活动的；

（七）制造民族纠纷，煽动民族分裂，危害国家安全的；

（八）境外个人违反有关规定，不听劝阻，擅自会见境内有危害国家安全行为或者有危害国家安全行为重大嫌疑的人员的。

第二章 国家安全机关在反间谍工作中的职权

第九条 境外个人被认为入境后可能进行危害中华人民共和国国家安全活动的,国务院国家安全主管部门可以决定其在一定时期内不得入境。

第十条 对背叛祖国、危害国家安全的犯罪嫌疑人,依据《反间谍法》第八条的规定,国家安全机关可以通缉、追捕。

第十一条 国家安全机关依法执行反间谍工作任务时,有权向有关组织和人员调查询问有关情况。

第十二条 国家安全机关工作人员依法执行反间谍工作任务时,对发现身份不明、有危害国家安全行为的嫌疑人员,可以检查其随带物品。

第十三条 国家安全机关执行反间谍工作紧急任务的车辆,可以配置特别通行标志和警灯、警报器。

第十四条 国家安全机关工作人员依法执行反间谍工作任务的行为,不受其他组织和个人的非法干涉。

国家安全机关工作人员依法执行反间谍工作任务时,应当出示国家安全部侦察证或者其他相应证件。

国家安全机关及其工作人员在工作中,应当严格依法办事,不得超越职权、滥用职权,不得侵犯组织和个人的合法权益。

第三章 公民和组织维护国家安全的义务和权利

第十五条 机关、团体和其他组织对本单位的人员进行维护国家安全的教育,动员、组织本单位的人员防范、制止间谍行为的工作,应当接受国家安全机关的协调和指导。

机关、团体和其他组织不履行《反间谍法》和本细则规定的安全防范义务,未按照要求整改或者未达到整改要求的,国家安全机关可以约谈相关负责人,将约谈情况通报该单位上级主管部门,推动落实防范间谍行为和其他危害国家安全行为的责任。

第十六条 下列情形属于《反间谍法》第七条所称“重大贡献”:

(一)为国家安全机关提供重要线索,发现、破获严重危害国家安全的犯罪案件的;

(二)为国家安全机关提供重要情况,防范、制止严重危害国家安全的行为发生的；

（三）密切配合国家安全机关执行国家安全工作任务，表现突出的；

（四）为维护国家安全，与危害国家安全的犯罪分子进行斗争，表现突出的；

（五）在教育、动员、组织本单位的人员防范、制止危害国家安全行为的工作中，成绩显著的。

第十七条 《反间谍法》第二十四条所称“非法持有属于国家秘密的文件、资料和其他物品”是指：

（一）不应知悉某项国家秘密的人员携带、存放属于该项国家秘密的文件、资料和其他物品的；

（二）可以知悉某项国家秘密的人员，未经办理手续，私自携带、留存属于该项国家秘密的文件、资料和其他物品的。

第十八条 《反间谍法》第二十五条所称“专用间谍器材”，是指进行间谍活动特殊需要的下列器材：

（一）暗藏式窃听、窃照器材；

（二）突发式收发报机、一次性密码本、密写工具；

（三）用于获取情报的电子监听、截收器材；

（四）其他专用间谍器材。

专用间谍器材的确认，由国务院国家安全主管部门负责。

第四章 法律责任

第十九条 实施危害国家安全的行为，由有关部门依法予以处分，国家安全机关也可以予以警告；构成犯罪的，依法追究刑事责任。

第二十条 下列情形属于《反间谍法》第二十七条所称“立功表现”：

（一）揭发、检举危害国家安全的其他犯罪分子，情况属实的；

（二）提供重要线索、证据，使危害国家安全的行为得以发现和制止的；

（三）协助国家安全机关、司法机关捕获其他危害国家安全的犯罪分子的；

（四）对协助国家安全机关维护国家安全有重要作用的其他行为。

“重大立功表现”，是指在前款所列立功表现的范围内对国家安全工作有特别重要作用的。

第二十一条 有证据证明知道他人有间谍行为，或者经国家安全机关明确告知他人有危害国家安全的犯罪行为，在国家安全机关向其调查有关情况、收集有关证据时，拒绝提供的，依照《反间谍法》第二十九条的规定处理。

第二十二条 国家安全机关依法执行反间谍工作任务时，公民和组织依法有义务提供便利条件或者其他协助，拒不提供或者拒不协助，构成故意阻碍国家安全机关依法执行反间谍工作任务的，依照《反间谍法》第三十条的规定处罚。

第二十三条 故意阻碍国家安全机关依法执行反间谍工作任务，造成国家安全机关工作人员人身伤害或者财物损失的，应当依法承担赔偿责任，并由司法机关或者国家安全机关依照《反间谍法》第三十条的规定予以处罚。

第二十四条 对涉嫌间谍行为的人员，国家安全机关可以决定其在一定期限内不得出境。对违反《反间谍法》的境外个人，国务院国家安全主管部门可以决定限期离境或者驱逐出境，并决定其不得入境的期限。被驱逐出境的境外个人，自被驱逐出境之日起10年内不得入境。

第五章　附　　则

第二十五条 国家安全机关、公安机关依照法律、行政法规和国家有关规定，履行防范、制止和惩治间谍行为以外的其他危害国家安全行为的职责，适用本细则的有关规定。

第二十六条 本细则自公布之日起施行。1994年6月4日国务院发布的《中华人民共和国国家安全法实施细则》同时废止。

中华人民共和国保守国家秘密法

1. 1988年9月5日第七届全国人民代表大会常务委员会第三次会议通过
2. 2010年4月29日第十一届全国人民代表大会常务委员会第十四次会议修订
3. 自2010年10月1日起施行

目　录

第一章　总　　则

第一条　【立法目的】为了保守国家秘密，维护国家安全和利益，保障改革开放和社会主义建设事业的顺利进行，制定本法。

第二条　【国家秘密】国家秘密是关系国家安全和利益，依照法定程序确定，在一定时间内只限一定范围的人员知悉的事项。

第三条　【保密义务】国家秘密受法律保护。

一切国家机关、武装力量、政党、社会团体、企业事业单位和公民都有保守国家秘密的义务。

任何危害国家秘密安全的行为，都必须受到法律追究。

第四条　【保密原则】保守国家秘密的工作（以下简称保密工作），实行积极防范、突出重点、依法管理的方针，既确保国家秘密安全，又便利信息资源合理利用。

法律、行政法规规定公开的事项，应当依法公开。

第五条　【主管部门】国家保密行政管理部门主管全国的保密工作。县级以上地方各级保密行政管理部门主管本行政区域的保密工作。

第六条 【涉密单位的管理责任】国家机关和涉及国家秘密的单位(以下简称机关、单位)管理本机关和本单位的保密工作。

中央国家机关在其职权范围内,管理或者指导本系统的保密工作。

第七条 【保密工作责任制】机关、单位应当实行保密工作责任制,健全保密管理制度,完善保密防护措施,开展保密宣传教育,加强保密检查。

第八条 【奖励】国家对在保守、保护国家秘密以及改进保密技术、措施等方面成绩显著的单位或者个人给予奖励。

第二章 国家秘密的范围和密级

第九条 【国家秘密范围】下列涉及国家安全和利益的事项,泄露后可能损害国家在政治、经济、国防、外交等领域的安全和利益的,应当确定为国家秘密:

(一)国家事务重大决策中的秘密事项;

(二)国防建设和武装力量活动中的秘密事项;

(三)外交和外事活动中的秘密事项以及对外承担保密义务的秘密事项;

(四)国民经济和社会发展中的秘密事项;

(五)科学技术中的秘密事项;

(六)维护国家安全活动和追查刑事犯罪中的秘密事项;

(七)经国家保密行政管理部门确定的其他秘密事项。

政党的秘密事项中符合前款规定的,属于国家秘密。

第十条 【密级】国家秘密的密级分为绝密、机密、秘密三级。

绝密级国家秘密是最重要的国家秘密,泄露会使国家安全和利益遭受特别严重的损害;机密级国家秘密是重要的国家秘密,泄露会使国家安全和利益遭受严重的损害;秘密级国家秘密是一般的国家秘密,泄露会使国家安全和利益遭受损害。

第十一条 【密级的具体范围】国家秘密及其密级的具体范围,由国家保密行政管理部门分别会同外交、公安、国家安全和其他中央有关机关规定。

军事方面的国家秘密及其密级的具体范围,由中央军事委员会规定。

国家秘密及其密级的具体范围的规定，应当在有关范围内公布，并根据情况变化及时调整。

第十二条 **【定密责任人】**机关、单位负责人及其指定的人员为定密责任人，负责本机关、本单位的国家秘密确定、变更和解除工作。

机关、单位确定、变更和解除本机关、本单位的国家秘密，应当由承办人提出具体意见，经定密责任人审核批准。

第十三条 **【定密权限】**确定国家秘密的密级，应当遵守定密权限。

中央国家机关、省级机关及其授权的机关、单位可以确定绝密级、机密级和秘密级国家秘密；设区的市、自治州一级的机关及其授权的机关、单位可以确定机密级和秘密级国家秘密。具体的定密权限、授权范围由国家保密行政管理部门规定。

机关、单位执行上级确定的国家秘密事项，需要定密的，根据所执行的国家秘密事项的密级确定。下级机关、单位认为本机关、本单位产生的有关定密事项属于上级机关、单位的定密权限，应当先行采取保密措施，并立即报请上级机关、单位确定；没有上级机关、单位的，应当立即提请有相应定密权限的业务主管部门或者保密行政管理部门确定。

公安、国家安全机关在其工作范围内按照规定的权限确定国家秘密的密级。

第十四条 **【确定密级】**机关、单位对所产生的国家秘密事项，应当按照国家秘密及其密级的具体范围的规定确定密级，同时确定保密期限和知悉范围。

第十五条 **【保密期限】**国家秘密的保密期限，应当根据事项的性质和特点，按照维护国家安全和利益的需要，限定在必要的期限内；不能确定期限的，应当确定解密的条件。

国家秘密的保密期限，除另有规定外，绝密级不超过三十年，机密级不超过二十年，秘密级不超过十年。

机关、单位应当根据工作需要，确定具体的保密期限、解密时间或者解密条件。

机关、单位对在决定和处理有关事项工作过程中确定需要保密的事项，根据工作需要决定公开的，正式公布时即视为解密。

第十六条 **【知悉范围】**国家秘密的知悉范围，应当根据工作需要限定在最小范围。

国家秘密的知悉范围能够限定到具体人员的，限定到具体人员；不能限定到具体人员的，限定到机关、单位，由机关、单位限定到具体人员。

国家秘密的知悉范围以外的人员，因工作需要知悉国家秘密的，应当经过机关、单位负责人批准。

第十七条 **【秘密标志】**机关、单位对承载国家秘密的纸介质、光介质、电磁介质等载体（以下简称国家秘密载体）以及属于国家秘密的设备、产品，应当做出国家秘密标志。

不属于国家秘密的，不应当做出国家秘密标志。

第十八条 **【密级、保密期限和知悉范围的变更】**国家秘密的密级、保密期限和知悉范围，应当根据情况变化及时变更。国家秘密的密级、保密期限和知悉范围的变更，由原定密机关、单位决定，也可以由其上级机关决定。

国家秘密的密级、保密期限和知悉范围变更的，应当及时书面通知知悉范围内的机关、单位或者人员。

第十九条 **【解密】**国家秘密的保密期限已满的，自行解密。

机关、单位应当定期审核所确定的国家秘密。对在保密期限内因保密事项范围调整不再作为国家秘密事项，或者公开后不会损害国家安全和利益，不需要继续保密的，应当及时解密；对需要延长保密期限的，应当在原保密期限届满前重新确定保密期限。提前解密或者延长保密期限的，由原定密机关、单位决定，也可以由其上级机关决定。

第二十条 **【密级不明确或者有争议的处理】**机关、单位对是否属于国家秘密或者属于何种密级不明确或者有争议的，由国家保密行政管理部门或者省、自治区、直辖市保密行政管理部门确定。

第三章 保密制度

第二十一条 **【秘密载体的保密制度】**国家秘密载体的制作、收发、传递、使用、复制、保存、维修和销毁，应当符合国家保密规定。

绝密级国家秘密载体应当在符合国家保密标准的设施、设备中保存，并指定专人管理；未经原定密机关、单位或者其上级机关批准，不得复制和摘抄；收发、传递和外出携带，应当指定人员负责，并采取必要的安全措施。

第二十二条　【秘密的设备、产品的保密制度】属于国家秘密的设备、产品的研制、生产、运输、使用、保存、维修和销毁，应当符合国家保密规定。

第二十三条　【涉密信息系统的保密制度】存储、处理国家秘密的计算机信息系统（以下简称涉密信息系统）按照涉密程度实行分级保护。

涉密信息系统应当按照国家保密标准配备保密设施、设备。保密设施、设备应当与涉密信息系统同步规划，同步建设，同步运行。

涉密信息系统应当按照规定，经检查合格后，方可投入使用。

第二十四条　【针对涉密信息系统的禁止行为】机关、单位应当加强对涉密信息系统的管理，任何组织和个人不得有下列行为：

（一）将涉密计算机、涉密存储设备接入互联网及其他公共信息网络；

（二）在未采取防护措施的情况下，在涉密信息系统与互联网及其他公共信息网络之间进行信息交换；

（三）使用非涉密计算机、非涉密存储设备存储、处理国家秘密信息；

（四）擅自卸载、修改涉密信息系统的安全技术程序、管理程序；

（五）将未经安全技术处理的退出使用的涉密计算机、涉密存储设备赠送、出售、丢弃或者改作其他用途。

第二十五条　【针对秘密载体的禁止行为】机关、单位应当加强对国家秘密载体的管理，任何组织和个人不得有下列行为：

（一）非法获取、持有国家秘密载体；

（二）买卖、转送或者私自销毁国家秘密载体；

（三）通过普通邮政、快递等无保密措施的渠道传递国家秘密载体；

（四）邮寄、托运国家秘密载体出境；

（五）未经有关主管部门批准，携带、传递国家秘密载体出境。

第二十六条 【针对国家秘密的禁止行为】禁止非法复制、记录、存储国家秘密。

禁止在互联网及其他公共信息网络或者未采取保密措施的有线和无线通信中传递国家秘密。

禁止在私人交往和通信中涉及国家秘密。

第二十七条 【传媒的保密规定】报刊、图书、音像制品、电子出版物的编辑、出版、印制、发行,广播节目、电视节目、电影的制作和播放,互联网、移动通信网等公共信息网络及其他传媒的信息编辑、发布,应当遵守有关保密规定。

第二十八条 【网络运营商、服务商的保密规定】互联网及其他公共信息网络运营商、服务商应当配合公安机关、国家安全机关、检察机关对泄密案件进行调查;发现利用互联网及其他公共信息网络发布的信息涉及泄露国家秘密的,应当立即停止传输,保存有关记录,向公安机关、国家安全机关或者保密行政管理部门报告;应当根据公安机关、国家安全机关或者保密行政管理部门的要求,删除涉及泄露国家秘密的信息。

第二十九条 【公开信息与涉密采购的保密规定】机关、单位公开发布信息以及对涉及国家秘密的工程、货物、服务进行采购时,应当遵守保密规定。

第三十条 【对外交往涉密的注意事项】机关、单位对外交往与合作中需要提供国家秘密事项,或者任用、聘用的境外人员因工作需要知悉国家秘密的,应当报国务院有关主管部门或者省、自治区、直辖市人民政府有关主管部门批准,并与对方签订保密协议。

第三十一条 【涉密活动主办单位的保密规定】举办会议或者其他活动涉及国家秘密的,主办单位应当采取保密措施,并对参加人员进行保密教育,提出具体保密要求。

第三十二条 【保密要害部门与部位的保护】机关、单位应当将涉及绝密级或者较多机密级、秘密级国家秘密的机构确定为保密要害部门,将集中制作、存放、保管国家秘密载体的专门场所确定为保密要害部位,按照国家保密规定和标准配备、使用必要的技术防护设施、设备。

第三十三条 【军事禁区与保密场所不得擅自开放】军事禁区和属于国

家秘密不对外开放的其他场所、部位，应当采取保密措施，未经有关部门批准，不得擅自决定对外开放或者扩大开放范围。

第三十四条 **【涉密生产单位的保密审查】**从事国家秘密载体制作、复制、维修、销毁，涉密信息系统集成，或者武器装备科研生产等涉及国家秘密业务的企业事业单位，应当经过保密审查，具体办法由国务院规定。

机关、单位委托企业事业单位从事前款规定的业务，应当与其签订保密协议，提出保密要求，采取保密措施。

第三十五条 **【涉密人员的分类】**在涉密岗位工作的人员(以下简称涉密人员)，按照涉密程度分为核心涉密人员、重要涉密人员和一般涉密人员，实行分类管理。

任用、聘用涉密人员应当按照有关规定进行审查。

涉密人员应当具有良好的政治素质和品行，具有胜任涉密岗位所要求的工作能力。

涉密人员的合法权益受法律保护。

第三十六条 **【涉密人员岗位要求】**涉密人员上岗应当经过保密教育培训，掌握保密知识技能，签订保密承诺书，严格遵守保密规章制度，不得以任何方式泄露国家秘密。

第三十七条 **【涉密人员的出境管理】**涉密人员出境应当经有关部门批准，有关机关认为涉密人员出境将对国家安全造成危害或者对国家利益造成重大损失的，不得批准出境。

第三十八条 **【脱密期管理】**涉密人员离岗离职实行脱密期管理。涉密人员在脱密期内，应当按照规定履行保密义务，不得违反规定就业，不得以任何方式泄露国家秘密。

第三十九条 **【涉密人员的管理】**机关、单位应当建立健全涉密人员管理制度，明确涉密人员的权利、岗位责任和要求，对涉密人员履行职责情况开展经常性的监督检查。

第四十条 **【泄密报告制度】**国家工作人员或者其他公民发现国家秘密已经泄露或者可能泄露时，应当立即采取补救措施并及时报告有关机关、单位。机关、单位接到报告后，应当立即作出处理，并及时向保密行政管理部门报告。

第四章　监 督 管 理

第四十一条　【保密规章和标准的制定】国家保密行政管理部门依照法律、行政法规的规定，制定保密规章和国家保密标准。

第四十二条　【保密工作的指导和监督】保密行政管理部门依法组织开展保密宣传教育、保密检查、保密技术防护和泄密案件查处工作，对机关、单位的保密工作进行指导和监督。

第四十三条　【保密工作的错误纠正】保密行政管理部门发现国家秘密确定、变更或者解除不当的，应当及时通知有关机关、单位予以纠正。

第四十四条　【保密工作检查】保密行政管理部门对机关、单位遵守保密制度的情况进行检查，有关机关、单位应当配合。保密行政管理部门发现机关、单位存在泄密隐患的，应当要求其采取措施，限期整改；对存在泄密隐患的设施、设备、场所，应当责令停止使用；对严重违反保密规定的涉密人员，应当建议有关机关、单位给予处分并调离涉密岗位；发现涉嫌泄露国家秘密的，应当督促、指导有关机关、单位进行调查处理。涉嫌犯罪的，移送司法机关处理。

第四十五条　【秘密载体的收缴】保密行政管理部门对保密检查中发现的非法获取、持有的国家秘密载体，应当予以收缴。

第四十六条　【鉴定秘密的部门】办理涉嫌泄露国家秘密案件的机关，需要对有关事项是否属于国家秘密以及属于何种密级进行鉴定的，由国家保密行政管理部门或者省、自治区、直辖市保密行政管理部门鉴定。

第四十七条　【违规人员处理的监督】机关、单位对违反保密规定的人员不依法给予处分的，保密行政管理部门应当建议纠正，对拒不纠正的，提请其上一级机关或者监察机关对该机关、单位负有责任的领导人员和直接责任人员依法予以处理。

第五章　法 律 责 任

第四十八条　【违法责任】违反本法规定，有下列行为之一的，依法给予处分；构成犯罪的，依法追究刑事责任：

（一）非法获取、持有国家秘密载体的；

（二）买卖、转送或者私自销毁国家秘密载体的；

（三）通过普通邮政、快递等无保密措施的渠道传递国家秘密载体的；

（四）邮寄、托运国家秘密载体出境，或者未经有关主管部门批准，携带、传递国家秘密载体出境的；

（五）非法复制、记录、存储国家秘密的；

（六）在私人交往和通信中涉及国家秘密的；

（七）在互联网及其他公共信息网络或者未采取保密措施的有线和无线通信中传递国家秘密的；

（八）将涉密计算机、涉密存储设备接入互联网及其他公共信息网络的；

（九）在未采取防护措施的情况下，在涉密信息系统与互联网及其他公共信息网络之间进行信息交换的；

（十）使用非涉密计算机、非涉密存储设备存储、处理国家秘密信息的；

（十一）擅自卸载、修改涉密信息系统的安全技术程序、管理程序的；

（十二）将未经安全技术处理的退出使用的涉密计算机、涉密存储设备赠送、出售、丢弃或者改作其他用途的。

有前款行为尚不构成犯罪，且不适用处分的人员，由保密行政管理部门督促其所在机关、单位予以处理。

第四十九条　【单位违法责任】机关、单位违反本法规定，发生重大泄密案件的，由有关机关、单位依法对直接负责的主管人员和其他直接责任人员给予处分；不适用处分的人员，由保密行政管理部门督促其主管部门予以处理。

机关、单位违反本法规定，对应当定密的事项不定密，或者对不应当定密的事项定密，造成严重后果的，由有关机关、单位依法对直接负责的主管人员和其他直接责任人员给予处分。

第五十条　【网络运营商、服务商违法责任】互联网及其他公共信息网络运营商、服务商违反本法第二十八条规定的，由公安机关或者国家安全机关、信息产业主管部门按照各自职责分工依法予以处罚。

第五十一条　【保密管理人员违法责任】保密行政管理部门的工作人员

在履行保密管理职责中滥用职权、玩忽职守、徇私舞弊的，依法给予处分；构成犯罪的，依法追究刑事责任。

第六章　附　　则

第五十二条　【解放军保密条例】中央军事委员会根据本法制定中国人民解放军保密条例。

第五十三条　【施行日期】本法自2010年10月1日起施行。

中华人民共和国国家情报法

1. 2017年6月27日第十二届全国人民代表大会常务委员会第二十八次会议通过
2. 根据2018年4月27日第十三届全国人民代表大会常务委员会第二次会议《关于修改〈中华人民共和国国境卫生检疫法〉等六部法律的决定》修正

目　　录

第一章　总　　则

第一条　【立法目的】为了加强和保障国家情报工作，维护国家安全和利益，根据宪法，制定本法。

第二条　【国家情报工作意义】国家情报工作坚持总体国家安全观，为国家重大决策提供情报参考，为防范和化解危害国家安全的风险提供情报支持，维护国家政权、主权、统一和领土完整、人民福祉、经济社会可持续发展和国家其他重大利益。

第三条　【国家情报体制】国家建立健全集中统一、分工协作、科学高效的国家情报体制。

中央国家安全领导机构对国家情报工作实行统一领导，制定国家情报工作方针政策，规划国家情报工作整体发展，建立健全国家情报工作协调机制，统筹协调各领域国家情报工作，研究决定国家情报工作中的重大事项。

中央军事委员会统一领导和组织军队情报工作。

第四条　【工作原则】国家情报工作坚持公开工作与秘密工作相结合、专门工作与群众路线相结合、分工负责与协作配合相结合的原则。

第五条　【分工配合】国家安全机关和公安机关情报机构、军队情报机构（以下统称国家情报工作机构）按照职责分工，相互配合，做好情报工作、开展情报行动。

各有关国家机关应当根据各自职能和任务分工，与国家情报工作机构密切配合。

第六条　【国家情报工作机构及其工作人员的职责】国家情报工作机构及其工作人员应当忠于国家和人民，遵守宪法和法律，忠于职守，纪律严明，清正廉洁，无私奉献，坚决维护国家安全和利益。

第七条　【配合义务】任何组织和公民都应当依法支持、协助和配合国家情报工作，保守所知悉的国家情报工作秘密。

国家对支持、协助和配合国家情报工作的个人和组织给予保护。

第八条　【尊重和保障人权】国家情报工作应当依法进行，尊重和保障人权，维护个人和组织的合法权益。

第九条　【表彰和奖励】国家对在国家情报工作中作出重大贡献的个人和组织给予表彰和奖励。

第二章　国家情报工作机构职权

第十条　【根据需要在境内外开展情报工作】国家情报工作机构根据工作需要，依法使用必要的方式、手段和渠道，在境内外开展情报工作。

第十一条　【依法搜集和处理相关情报】国家情报工作机构应当依法搜集和处理境外机构、组织、个人实施或者指使、资助他人实施的，或者境内外机构、组织、个人相勾结实施的危害中华人民共和国国家安全和利益行为的相关情报，为防范、制止和惩治上述行为提供情报依据或者参考。

第十二条 【委托个人和组织开展相关工作】国家情报工作机构可以按照国家有关规定，与有关个人和组织建立合作关系，委托开展相关工作。

第十三条 【对外交流与合作】国家情报工作机构可以按照国家有关规定，开展对外交流与合作。

第十四条 【有权要求协助配合】国家情报工作机构依法开展情报工作，可以要求有关机关、组织和公民提供必要的支持、协助和配合。

第十五条 【技术侦察措施和身份保护措施】国家情报工作机构根据工作需要，按照国家有关规定，经过严格的批准手续，可以采取技术侦察措施和身份保护措施。

第十六条 【进入限制区域执行任务】国家情报工作机构工作人员依法执行任务时，按照国家有关规定，经过批准，出示相应证件，可以进入限制进入的有关区域、场所，可以向有关机关、组织和个人了解、询问有关情况，可以查阅或者调取有关的档案、资料、物品。

第十七条 【通行便利与优先使用征用】国家情报工作机构工作人员因执行紧急任务需要，经出示相应证件，可以享受通行便利。

国家情报工作机构工作人员根据工作需要，按照国家有关规定，可以优先使用或者依法征用有关机关、组织和个人的交通工具、通信工具、场地和建筑物，必要时，可以设置相关工作场所和设备、设施，任务完成后应当及时归还或者恢复原状，并依照规定支付相应费用；造成损失的，应当补偿。

第十八条 【免检便利】国家情报工作机构根据工作需要，按照国家有关规定，可以提请海关、出入境边防检查等机关提供免检等便利。

第十九条 【权利限制】国家情报工作机构及其工作人员应当严格依法办事，不得超越职权、滥用职权，不得侵犯公民和组织的合法权益，不得利用职务便利为自己或者他人谋取私利，不得泄露国家秘密、商业秘密和个人信息。

第三章 国家情报工作保障

第二十条 【法律保护】国家情报工作机构及其工作人员依法开展情报

工作，受法律保护。

第二十一条 【特殊保障及管理制度】国家加强国家情报工作机构建设，对其机构设置、人员、编制、经费、资产实行特殊管理，给予特殊保障。

国家建立适应情报工作需要的人员录用、选调、考核、培训、待遇、退出等管理制度。

第二十二条 【提高工作能力】国家情报工作机构应当适应情报工作需要，提高开展情报工作的能力。

国家情报工作机构应当运用科学技术手段，提高对情报信息的鉴别、筛选、综合和研判分析水平。

第二十三条 【保护人身安全】国家情报工作机构工作人员因执行任务，或者与国家情报工作机构建立合作关系的人员因协助国家情报工作，其本人或者近亲属人身安全受到威胁时，国家有关部门应当采取必要措施，予以保护、营救。

第二十四条 【妥善安置】对为国家情报工作作出贡献并需要安置的人员，国家给予妥善安置。

公安、民政、财政、卫生、教育、人力资源社会保障、退役军人事务、医疗保障等有关部门以及国有企业事业单位应当协助国家情报工作机构做好安置工作。

第二十五条 【抚恤优待】对因开展国家情报工作或者支持、协助和配合国家情报工作导致伤残或者牺牲、死亡的人员，按照国家有关规定给予相应的抚恤优待。

个人和组织因支持、协助和配合国家情报工作导致财产损失的，按照国家有关规定给予补偿。

第二十六条 【监督和安全审查制度】国家情报工作机构应当建立健全严格的监督和安全审查制度，对其工作人员遵守法律和纪律等情况进行监督，并依法采取必要措施，定期或者不定期进行安全审查。

第二十七条 【检举、控告】任何个人和组织对国家情报工作机构及其工作人员超越职权、滥用职权和其他违法违纪行为，有权检举、控告。受理检举、控告的有关机关应当及时查处，并将查处结果告知检举人、控告人。

对依法检举、控告国家情报工作机构及其工作人员的个人和组织，任何个人和组织不得压制和打击报复。

国家情报工作机构应当为个人和组织检举、控告、反映情况提供便利渠道,并为检举人、控告人保密。

第四章 法律责任

第二十八条 【阻碍国家情报工作机构及其工作人员工作的法律责任】违反本法规定,阻碍国家情报工作机构及其工作人员依法开展情报工作的,由国家情报工作机构建议相关单位给予处分或者由国家安全机关、公安机关处警告或者十五日以下拘留;构成犯罪的,依法追究刑事责任。

第二十九条 【泄露与国家情报工作有关的国家秘密的法律责任】泄露与国家情报工作有关的国家秘密的,由国家情报工作机构建议相关单位给予处分或者由国家安全机关、公安机关处警告或者十五日以下拘留;构成犯罪的,依法追究刑事责任。

第三十条 【冒充国家情报相关工作人员违法行为的法律责任】冒充国家情报工作机构工作人员或者其他相关人员实施招摇撞骗、诈骗、敲诈勒索等行为的,依照《中华人民共和国治安管理处罚法》的规定处罚;构成犯罪的,依法追究刑事责任。

第三十一条 【国家情报工作机构及其工作人员的法律责任】国家情报工作机构及其工作人员有超越职权、滥用职权,侵犯公民和组织的合法权益,利用职务便利为自己或者他人谋取私利,泄露国家秘密、商业秘密和个人信息等违法违纪行为的,依法给予处分;构成犯罪的,依法追究刑事责任。

第五章 附 则

第三十二条 【施行日期】本法自 2017 年 6 月 28 日起施行。

二、国 防 建 设

中华人民共和国国防动员法

1. 2010年2月26日第十一届全国人民代表大会常务委员会第十三次会议通过
2. 2010年2月26日中华人民共和国主席令第25号公布
3. 自2010年7月1日起施行

目　　录

第一章　总　　则

第一条　【立法目的】为了加强国防建设,完善国防动员制度,保障国防动员工作的顺利进行，维护国家的主权、统一、领土完整和安全，根据宪法，制定本法。

第二条 【适用对象】国防动员的准备、实施以及相关活动，适用本法。

第三条 【国防动员建设目标】国家加强国防动员建设，建立健全与国防安全需要相适应、与经济社会发展相协调、与突发事件应急机制相衔接的国防动员体系，增强国防动员能力。

第四条 【国防动员原则】国防动员坚持平战结合、军民结合、寓军于民的方针，遵循统一领导、全民参与、长期准备、重点建设、统筹兼顾、有序高效的原则。

第五条 【公民和组织的义务】公民和组织在和平时期应当依法完成国防动员准备工作；国家决定实施国防动员后，应当完成规定的国防动员任务。

第六条 【经费保障】国家保障国防动员所需经费。国防动员经费按照事权划分的原则，分别列入中央和地方财政预算。

第七条 【表彰和奖励】国家对在国防动员工作中作出突出贡献的公民和组织，给予表彰和奖励。

第二章 组织领导机构及其职权

第八条 【国防动员的决定权限与发布】国家的主权、统一、领土完整和安全遭受威胁时，全国人民代表大会常务委员会依照宪法和有关法律的规定，决定全国总动员或者局部动员。国家主席根据全国人民代表大会常务委员会的决定，发布动员令。

第九条 【全国国防动员的组织实施】国务院、中央军事委员会共同领导全国的国防动员工作，制定国防动员工作的方针、政策和法规，向全国人民代表大会常务委员会提出实施全国总动员或者局部动员的议案，根据全国人民代表大会常务委员会的决定和国家主席发布的动员令，组织国防动员的实施。

国家的主权、统一、领土完整和安全遭受直接威胁必须立即采取应对措施时，国务院、中央军事委员会可以根据应急处置的需要，采取本法规定的必要的国防动员措施，同时向全国人民代表大会常务委员会报告。

第十条 【地方国防动员的组织实施】地方人民政府应当贯彻和执行国防动员工作的方针、政策和法律、法规；国家决定实施国防动员后，应当根据上级下达的国防动员任务，组织本行政区域国防动员的实施。

县级以上地方人民政府依照法律规定的权限管理本行政区域的国防动员工作。

第十一条 【负责国防动员工作的部门】县级以上人民政府有关部门和军队有关部门在各自的职责范围内，负责有关的国防动员工作。

第十二条 【国防动员委员会的职责】国家国防动员委员会在国务院、中央军事委员会的领导下负责组织、指导、协调全国的国防动员工作；按照规定的权限和程序议定的事项，由国务院和中央军事委员会的有关部门按照各自职责分工组织实施。军区国防动员委员会、县级以上地方各级国防动员委员会负责组织、指导、协调本区域的国防动员工作。

第十三条 【国防动员委员会的办事机构】国防动员委员会的办事机构承担本级国防动员委员会的日常工作，依法履行有关的国防动员职责。

第十四条 【国防动员的解除】国家的主权、统一、领土完整和安全遭受的威胁消除后，应当按照决定实施国防动员的权限和程序解除国防动员的实施措施。

第三章 国防动员计划、实施预案与潜力统计调查

第十五条 【国防动员计划、实施预案与潜力统计调查制度】国家实行国防动员计划、国防动员实施预案和国防动员潜力统计调查制度。

第十六条 【国防动员计划和实施预案的编制】国防动员计划和国防动员实施预案，根据国防动员的方针和原则、国防动员潜力状况和军事需求编制。军事需求由军队有关部门按照规定的权限和程序提出。

国防动员实施预案与突发事件应急处置预案应当在指挥、力量使用、信息和保障等方面相互衔接。

第十七条 【编制和审批的有关规定】各级国防动员计划和国防动员实施预案的编制和审批，按照国家有关规定执行。

第十八条 【政府及相关部门的职责】县级以上人民政府应当将国防动员的相关内容纳入国民经济和社会发展计划。军队有关部门应当将国

防动员实施预案纳入战备计划。

县级以上人民政府及其有关部门和军队有关部门应当按照职责落实国防动员计划和国防动员实施预案。

第十九条 【**统计机构的职责**】县级以上人民政府统计机构和有关部门应当根据国防动员的需要，准确及时地向本级国防动员委员会的办事机构提供有关统计资料。提供的统计资料不能满足需要时，国防动员委员会办事机构可以依据《中华人民共和国统计法》和国家有关规定组织开展国防动员潜力专项统计调查。

第二十条 【**评估检查制度**】国家建立国防动员计划和国防动员实施预案执行情况的评估检查制度。

第四章　与国防密切相关的建设项目和重要产品

第二十一条 【**具备国防功能**】根据国防动员的需要，与国防密切相关的建设项目和重要产品应当贯彻国防要求，具备国防功能。

第二十二条 【**项目和产品目录**】与国防密切相关的建设项目和重要产品目录，由国务院经济发展综合管理部门会同国务院其他有关部门以及军队有关部门拟定，报国务院、中央军事委员会批准。

列入目录的建设项目和重要产品，其军事需求由军队有关部门提出；建设项目审批、核准和重要产品设计定型时，县级以上人民政府有关主管部门应当按照规定征求军队有关部门的意见。

第二十三条 【**质量要求**】列入目录的建设项目和重要产品，应当依照有关法律、行政法规和贯彻国防要求的技术规范和标准进行设计、生产、施工、监理和验收，保证建设项目和重要产品的质量。

第二十四条 【**补贴或者其他优惠政策**】企业事业单位投资或者参与投资列入目录的建设项目建设或者重要产品研究、开发、制造的，依照有关法律、行政法规和国家有关规定，享受补贴或者其他政策优惠。

第二十五条 【**指导和政策扶持**】县级以上人民政府应当对列入目录的建设项目和重要产品贯彻国防要求工作给予指导和政策扶持，有关部门应当按照职责做好有关的管理工作。

第五章 预备役人员的储备与征召

第二十六条 【预备役人员储备制度】国家实行预备役人员储备制度。

国家根据国防动员的需要，按照规模适度、结构科学、布局合理的原则，储备所需的预备役人员。

国务院、中央军事委员会根据国防动员的需要，决定预备役人员储备的规模、种类和方式。

第二十七条 【预备役人员储备的形式】预备役人员按照专业对口、便于动员的原则，采取预编到现役部队、编入预备役部队、编入民兵组织或者其他形式进行储备。

国家根据国防动员的需要，建立预备役专业技术兵员储备区。

国家为预备役人员训练、储备提供条件和保障。预备役人员应当依法参加训练。

第二十八条 【储备工作的组织实施】县级以上地方人民政府兵役机关负责组织实施本行政区域预备役人员的储备工作。县级以上地方人民政府有关部门、预备役人员所在乡（镇）人民政府、街道办事处或者企业事业单位，应当协助兵役机关做好预备役人员储备的有关工作。

第二十九条 【离开预备役登记地报告制度】预编到现役部队和编入预备役部队的预备役人员、预定征召的其他预备役人员，离开预备役登记地一个月以上的，应当向其预备役登记的兵役机关报告。

第三十条 【征召通知】国家决定实施国防动员后，县级人民政府兵役机关应当根据上级的命令，迅速向被征召的预备役人员下达征召通知。

接到征召通知的预备役人员应当按照通知要求，到指定地点报到。

第三十一条 【协助征召工作】被征召的预备役人员所在单位应当协助兵役机关做好预备役人员的征召工作。

从事交通运输的单位和个人，应当优先运送被征召的预备役人员。

第三十二条 【国防动员后不得擅自离开登记地】国家决定实施国防动员后，预定征召的预备役人员，未经其预备役登记地的县级人民政府兵役机关批准，不得离开预备役登记地；已经离开预备役登记地的，接到兵役机关通知后，应当立即返回或者到指定地点报到。

第六章 战略物资储备与调用

第三十三条 【战略物资储备和调用制度】国家实行适应国防动员需要的战略物资储备和调用制度。

战略物资储备由国务院有关主管部门组织实施。

第三十四条 【承担战略物资储备任务单位的职责】承担战略物资储备任务的单位，应当按照国家有关规定和标准对储备物资进行保管和维护，定期调整更换，保证储备物资的使用效能和安全。

国家按照有关规定对承担战略物资储备任务的单位给予补贴。

第三十五条 【战略物资调用的规定与批准】战略物资按照国家有关规定调用。国家决定实施国防动员后，战略物资的调用由国务院和中央军事委员会批准。

第三十六条 【其他物资的储备和调用的规定】国防动员所需的其他物资的储备和调用，依照有关法律、行政法规的规定执行。

第七章 军品科研、生产与维修保障

第三十七条 【军品科研、生产和维修保障的动员体系】国家建立军品科研、生产和维修保障动员体系，根据战时军队订货和装备保障的需要，储备军品科研、生产和维修保障能力。

本法所称军品，是指用于军事目的的装备、物资以及专用生产设备、器材等。

第三十八条 【军品科研、生产和维修保障方案】军品科研、生产和维修保障能力储备的种类、布局和规模，由国务院有关主管部门会同军队有关部门提出方案，报国务院、中央军事委员会批准后组织实施。

第三十九条 【承担转产、扩大生产军品和维修保障任务单位的职责】承担转产、扩大生产军品和维修保障任务的单位，应当根据所担负的国防动员任务，储备所需的设备、材料、配套产品、技术，建立所需的专业技术队伍，制定和完善预案与措施。

第四十条 【各级人民政府的协调与支持】各级人民政府应当支持和帮助承担转产、扩大生产军品任务的单位开发和应用先进的军民两用技术，推广军民通用的技术标准，提高转产、扩大生产军品的综合保障能力。

国务院有关主管部门应当对重大的跨地区、跨行业的转产、扩大生产军品任务的实施进行协调，并给予支持。

第四十一条　【承担转产、扩大生产军品任务的单位职责】国家决定实施国防动员后，承担转产、扩大生产军品任务的单位，应当按照国家军事订货合同和转产、扩大生产的要求，组织军品科研、生产，保证军品质量，按时交付订货，协助军队完成维修保障任务。为转产、扩大生产军品提供能源、材料、设备和配套产品的单位，应当优先满足转产、扩大生产军品的需要。

国家对因承担转产、扩大生产军品任务造成直接经济损失的单位给予补偿。

第八章　战争灾害的预防与救助

第四十二条　【战争灾害的预防与救助制度】国家实行战争灾害的预防与救助制度，保护人民生命和财产安全，保障国防动员潜力和持续动员能力。

第四十三条　【分级防护制度】国家建立军事、经济、社会目标和首脑机关分级防护制度。分级防护标准由国务院、中央军事委员会规定。

军事、经济、社会目标和首脑机关的防护工作，由县级以上人民政府会同有关军事机关共同组织实施。

第四十四条　【承担防护任务的单位职责】承担军事、经济、社会目标和首脑机关防护任务的单位，应当制定防护计划和抢险抢修预案，组织防护演练，落实防护措施，提高综合防护效能。

第四十五条　【平战结合的医疗卫生救护体系】国家建立平战结合的医疗卫生救护体系。国家决定实施国防动员后，动员医疗卫生人员、调用药品器材和设备设施，保障战时医疗救护和卫生防疫。

第四十六条　【人员、物资的疏散和隐蔽工作的组织实施】国家决定实施国防动员后，人员、物资的疏散和隐蔽，在本行政区域进行的，由本级人民政府决定并组织实施；跨行政区域进行的，由相关行政区域共同的上一级人民政府决定并组织实施。

承担人员、物资疏散和隐蔽任务的单位，应当按照有关人民政府的决定,在规定时间内完成疏散和隐蔽任务。

第四十七条 【启动应急救助机制】战争灾害发生时,当地人民政府应当迅速启动应急救助机制,组织力量抢救伤员、安置灾民、保护财产,尽快消除战争灾害后果,恢复正常生产生活秩序。

遭受战争灾害的人员和组织应当及时采取自救、互救措施,减少战争灾害造成的损失。

第九章 国 防 勤 务

第四十八条 【国防勤务】国家决定实施国防动员后,县级以上人民政府根据国防动员实施的需要,可以动员符合本法规定条件的公民和组织担负国防勤务。

本法所称国防勤务,是指支援保障军队作战、承担预防与救助战争灾害以及协助维护社会秩序的任务。

第四十九条 【担负国防勤务的公民】十八周岁至六十周岁的男性公民和十八周岁至五十五周岁的女性公民,应当担负国防勤务;但有下列情形之一的,免予担负国防勤务:

(一)在托儿所、幼儿园和孤儿院、养老院、残疾人康复机构、救助站等社会福利机构从事管理和服务工作的公民;

(二)从事义务教育阶段学校教学、管理和服务工作的公民;

(三)怀孕和在哺乳期内的女性公民;

(四)患病无法担负国防勤务的公民;

(五)丧失劳动能力的公民;

(六)在联合国等政府间国际组织任职的公民;

(七)其他经县级以上人民政府决定免予担负国防勤务的公民。

有特殊专长的专业技术人员担负特定的国防勤务,不受前款规定的年龄限制。

第五十条 【担负国防勤务人员的职责】被确定担负国防勤务的人员,应当服从指挥、履行职责、遵守纪律、保守秘密。担负国防勤务的人员所在单位应当给予支持和协助。

第五十一条 【担负国防勤务的部门】交通运输、邮政、电信、医药卫生、食品和粮食供应、工程建筑、能源化工、大型水利设施、民用核设施、新闻媒体、国防科研生产和市政设施保障等单位，应当依法担负国防勤务。

前款规定的单位平时应当按照专业对口、人员精干、应急有效的原则组建专业保障队伍，组织训练、演练，提高完成国防勤务的能力。

第五十二条 【国防勤务工作的组织与指挥】公民和组织担负国防勤务，由县级以上人民政府负责组织。

担负预防与救助战争灾害、协助维护社会秩序勤务的公民和专业保障队伍，由当地人民政府指挥，并提供勤务和生活保障；跨行政区域执行勤务的，由相关行政区域的县级以上地方人民政府组织落实相关保障。

担负支援保障军队作战勤务的公民和专业保障队伍，由军事机关指挥，伴随部队行动的由所在部队提供勤务和生活保障；其他的由当地人民政府提供勤务和生活保障。

第五十三条 【担负国防勤务的人员的待遇与抚恤】担负国防勤务的人员在执行勤务期间，继续享有原工作单位的工资、津贴和其他福利待遇；没有工作单位的，由当地县级人民政府参照民兵执行战备勤务的补贴标准给予补贴；因执行国防勤务伤亡的，由当地县级人民政府依照《军人抚恤优待条例》等有关规定给予抚恤优待。

第十章 民用资源征用与补偿

第五十四条 【民用资源的征用】国家决定实施国防动员后，储备物资无法及时满足动员需要的，县级以上人民政府可以依法对民用资源进行征用。

本法所称民用资源，是指组织和个人所有或者使用的用于社会生产、服务和生活的设施、设备、场所和其他物资。

第五十五条 【民用资源的征用程序】任何组织和个人都有接受依法征用民用资源的义务。

需要使用民用资源的中国人民解放军现役部队和预备役部队、中国人民武装警察部队、民兵组织，应当提出征用需求，由县级以上地方人民政府统一组织征用。县级以上地方人民政府应当对被征用的民用资源予以登记，向被征用人出具凭证。

第五十六条 【免予征用的民用资源】下列民用资源免予征用:

(一)个人和家庭生活必需的物品和居住场所;

(二)托儿所、幼儿园和孤儿院、养老院、残疾人康复机构、救助站等社会福利机构保障儿童、老人、残疾人和救助对象生活必需的物品和居住场所;

(三)法律、行政法规规定免予征用的其他民用资源。

第五十七条 【民用资源的改造】被征用的民用资源根据军事要求需要进行改造的,由县级以上地方人民政府会同有关军事机关组织实施。

承担改造任务的单位应当按照使用单位提出的军事要求和改造方案进行改造,并保证按期交付使用。改造所需经费由国家负担。

第五十八条 【民用资源的返还与补偿】被征用的民用资源使用完毕,县级以上地方人民政府应当及时组织返还;经过改造的,应当恢复原使用功能后返还;不能修复或者灭失的,以及因征用造成直接经济损失的,按照国家有关规定给予补偿。

第五十九条 【其他征用民用资源或者采取临时性管制措施的规定】中国人民解放军现役部队和预备役部队、中国人民武装警察部队、民兵组织进行军事演习、训练,需要征用民用资源或者采取临时性管制措施的,按照国务院、中央军事委员会的有关规定执行。

第十一章 宣传教育

第六十条 【宣传教育的组织】各级人民政府应当组织开展国防动员的宣传教育,增强公民的国防观念和依法履行国防义务的意识。有关军事机关应当协助做好国防动员的宣传教育工作。

第六十一条 【单位团体组织学习】国家机关、社会团体、企业事业单位和基层群众性自治组织,应当组织所属人员学习和掌握必要的国防知识与技能。

第六十二条 【宣传工作的开展】各级人民政府应当运用各种宣传媒体和宣传手段,对公民进行爱国主义、革命英雄主义宣传教育,激发公民的爱国热情,鼓励公民踊跃参战支前,采取多种形式开展拥军优属和慰问活动,按照国家有关规定做好抚恤优待工作。

新闻出版、广播影视和网络传媒等单位,应当按照国防动员的要求做好宣传教育和相关工作。

第十二章 特别措施

第六十三条 **【特别措施范围】**国家决定实施国防动员后，根据需要，可以依法在实施国防动员的区域采取下列特别措施：

（一）对金融、交通运输、邮政、电信、新闻出版、广播影视、信息网络、能源水源供应、医药卫生、食品和粮食供应、商业贸易等行业实行管制；

（二）对人员活动的区域、时间、方式以及物资、运载工具进出的区域进行必要的限制；

（三）在国家机关、社会团体和企业事业单位实行特殊工作制度；

（四）为武装力量优先提供各种交通保障；

（五）需要采取的其他特别措施。

第六十四条 **【特别措施的决定权限】**在全国或者部分省、自治区、直辖市实行特别措施，由国务院、中央军事委员会决定并组织实施；在省、自治区、直辖市范围内的部分地区实行特别措施，由国务院、中央军事委员会决定，由特别措施实施区域所在省、自治区、直辖市人民政府和同级军事机关组织实施。

第六十五条 **【特别措施的组织实施】**组织实施特别措施的机关应当在规定的权限、区域和时限内实施特别措施。特别措施实施区域内的公民和组织，应当服从组织实施特别措施的机关的管理。

第六十六条 **【特别措施的终止】**采取特别措施不再必要时，应当及时终止。

第六十七条 **【法律程序的中止】**因国家发布动员令，诉讼、行政复议、仲裁活动不能正常进行的，适用有关时效中止和程序中止的规定，但法律另有规定的除外。

第十三章 法律责任

第六十八条 **【公民不履行义务行为的处理】**公民有下列行为之一的，由县级人民政府责令限期改正；逾期不改的，强制其履行义务：

（一）预编到现役部队和编入预备役部队的预备役人员、预定征召的其他预备役人员离开预备役登记地一个月以上未向预备役登记的兵役机关报告的；

（二）国家决定实施国防动员后，预定征召的预备役人员未经预备役登记的兵役机关批准离开预备役登记地，或者未按照兵役机关要求及时返回，或者未到指定地点报到的；

（三）拒绝、逃避征召或者拒绝、逃避担负国防勤务的；

（四）拒绝、拖延民用资源征用或者阻碍对被征用的民用资源进行改造的；

（五）干扰、破坏国防动员工作秩序或者阻碍从事国防动员工作的人员依法履行职责的。

第六十九条　【企业事业单位不履行义务的处理】企业事业单位有下列行为之一的，由有关人民政府责令限期改正；逾期不改的，强制其履行义务，并可以处以罚款：

（一）在承建的贯彻国防要求的建设项目中未按照国防要求和技术规范、标准进行设计或者施工、生产的；

（二）因管理不善导致战略储备物资丢失、损坏或者不服从战略物资调用的；

（三）未按照转产、扩大生产军品和维修保障任务的要求进行军品科研、生产和维修保障能力储备，或者未按照规定组建专业技术队伍的；

（四）拒绝、拖延执行专业保障任务的；

（五）拒绝或者故意延误军事订货的；

（六）拒绝、拖延民用资源征用或者阻碍对被征用的民用资源进行改造的；

（七）阻挠公民履行征召、担负国防勤务义务的。

第七十条　【管理人员的违纪处分】有下列行为之一的，对直接负责的主管人员和其他直接责任人员，依法给予处分：

（一）拒不执行上级下达的国防动员命令的；

（二）滥用职权或者玩忽职守，给国防动员工作造成严重损失的；

（三）对征用的民用资源，拒不登记、出具凭证，或者违反规定使用造成严重损坏，以及不按照规定予以返还或者补偿的；

（四）泄露国防动员秘密的；

（五）贪污、挪用国防动员经费、物资的；

（六）滥用职权，侵犯和损害公民或者组织合法权益的。

第七十一条 【违反本法的治安处罚与刑事责任】违反本法规定，构成违反治安管理行为的，依法给予治安管理处罚；构成犯罪的，依法追究刑事责任。

第十四章 附 则

第七十二条 【施行日期】本法自2010年7月1日起施行。

中华人民共和国兵役法

1. 1984年5月31日第六届全国人民代表大会第二次会议通过
2. 根据1998年12月29日第九届全国人民代表大会常务委员会第六次会议《关于修改〈中华人民共和国兵役法〉的决定》第一次修正
3. 根据2009年8月27日第十一届全国人民代表大会常务委员会第十次会议《关于修改部分法律的决定》第二次修正
4. 根据2011年10月29日第十一届全国人民代表大会常务委员会第二十三次会议《关于修改〈中华人民共和国兵役法〉的决定》第三次修正
5. 2021年8月20日第十三届全国人民代表大会常务委员会第三十次会议修订

目 录

第一章　总　　则

第一条　【立法目的】为了规范和加强国家兵役工作，保证公民依法服兵役，保障军队兵员补充和储备，建设巩固国防和强大军队，根据宪法，制定本法。

第二条　【保卫祖国、抵抗侵略】保卫祖国、抵抗侵略是中华人民共和国每一个公民的神圣职责。

第三条　【兵役制度】中华人民共和国实行以志愿兵役为主体的志愿兵役与义务兵役相结合的兵役制度。

第四条　【兵役工作原则】兵役工作坚持中国共产党的领导，贯彻习近平强军思想，贯彻新时代军事战略方针，坚持与国家经济社会发展相协调，坚持与国防和军队建设相适应，遵循服从国防需要、聚焦备战打仗、彰显服役光荣、体现权利和义务一致的原则。

第五条　【服兵役义务】中华人民共和国公民，不分民族、种族、职业、家庭出身、宗教信仰和教育程度，都有义务依照本法的规定服兵役。

有严重生理缺陷或者严重残疾不适合服兵役的公民，免服兵役。

依照法律被剥夺政治权利的公民，不得服兵役。

第六条　【兵役的种类】兵役分为现役和预备役。在中国人民解放军服现役的称军人；预编到现役部队或者编入预备役部队服预备役的，称预备役人员。

第七条　【军人和预备役人员的权利和义务】军人和预备役人员，必须遵守宪法和法律，履行公民的义务，同时享有公民的权利；由于服兵役而产生的权利和义务，由本法和其他相关法律法规规定。

第八条　【军人和预备役人员的职责】军人必须遵守军队的条令和条例，忠于职守，随时为保卫祖国而战斗。

预备役人员必须按照规定参加军事训练、担负战备勤务、执行非战争军事行动任务，随时准备应召参战，保卫祖国。

军人和预备役人员入役时应当依法进行服役宣誓。

第九条 【**兵役工作部门**】全国的兵役工作，在国务院、中央军事委员会领导下，由国防部负责。

省军区（卫戍区、警备区）、军分区（警备区）和县、自治县、不设区的市、市辖区的人民武装部，兼各该级人民政府的兵役机关，在上级军事机关和同级人民政府领导下，负责办理本行政区域的兵役工作。

机关、团体、企业事业组织和乡、民族乡、镇的人民政府，依照本法的规定完成兵役工作任务。兵役工作业务，在设有人民武装部的单位，由人民武装部办理；不设人民武装部的单位，确定一个部门办理。普通高等学校应当有负责兵役工作的机构。

第十条 【**相关部门的职责**】县级以上地方人民政府兵役机关应当会同相关部门，加强对本行政区域内兵役工作的组织协调和监督检查。

县级以上地方人民政府和同级军事机关应当将兵役工作情况作为拥军优属、拥政爱民评比和有关单位及其负责人考核评价的内容。

第十一条 【**加强兵役工作信息化建设**】国家加强兵役工作信息化建设，采取有效措施实现有关部门之间信息共享，推进兵役信息收集、处理、传输、存储等技术的现代化，为提高兵役工作质量效益提供支持。

兵役工作有关部门及其工作人员应当对收集的个人信息严格保密，不得泄露或者向他人非法提供。

第十二条 【**加强兵役宣传教育**】国家采取措施，加强兵役宣传教育，增强公民依法服兵役意识，营造服役光荣的良好社会氛围。

第十三条 【**褒奖和表彰**】军人和预备役人员建立功勋的，按照国家和军队关于功勋荣誉表彰的规定予以褒奖。

组织和个人在兵役工作中作出突出贡献的，按照国家和军队有关规定予以表彰和奖励。

第二章 兵役登记

第十四条 【**兵役登记制度**】国家实行兵役登记制度。兵役登记包括初次兵役登记和预备役登记。

第十五条 【**登记对象及方式**】每年十二月三十一日以前年满十八周岁的男性公民，都应当按照兵役机关的安排在当年进行初次兵役登记。

机关、团体、企业事业组织和乡、民族乡、镇的人民政府，应当根据县、自治县、不设区的市、市辖区人民政府兵役机关的安排，负责组织本单位和本行政区域的适龄男性公民进行初次兵役登记。

初次兵役登记可以采取网络登记的方式进行，也可以到兵役登记站（点）现场登记。进行兵役登记，应当如实填写个人信息。

第十六条　【预备役登记】经过初次兵役登记的未服现役的公民，符合预备役条件的，县、自治县、不设区的市、市辖区人民政府兵役机关可以根据需要，对其进行预备役登记。

第十七条　【兵役登记信息变更】退出现役的士兵自退出现役之日起四十日内，退出现役的军官自确定安置地之日起三十日内，到安置地县、自治县、不设区的市、市辖区人民政府兵役机关进行兵役登记信息变更；其中，符合预备役条件，经部队确定需要办理预备役登记的，还应当办理预备役登记。

第十八条　【兵役登记工作负责部门】县级以上地方人民政府兵役机关负责本行政区域兵役登记工作。

县、自治县、不设区的市、市辖区人民政府兵役机关每年组织兵役登记信息核验，会同有关部门对公民兵役登记情况进行查验，确保兵役登记及时，信息准确完整。

第三章　平时征集

第十九条　【征集人数、次数、时间和要求】全国每年征集服现役的士兵的人数、次数、时间和要求，由国务院和中央军事委员会的命令规定。

县级以上地方各级人民政府组织兵役机关和有关部门组成征集工作机构，负责组织实施征集工作。

第二十条　【征集对象】年满十八周岁的男性公民，应当被征集服现役；当年未被征集的，在二十二周岁以前仍可以被征集服现役。普通高等学校毕业生的征集年龄可以放宽至二十四周岁，研究生的征集年龄可以放宽至二十六周岁。

根据军队需要，可以按照前款规定征集女性公民服现役。

根据军队需要和本人自愿，可以征集年满十七周岁未满十八周岁的公民服现役。

第二十一条 【应征公民】经初次兵役登记并初步审查符合征集条件的公民,称应征公民。

在征集期间,应征公民应当按照县、自治县、不设区的市、市辖区征集工作机构的通知,按时参加体格检查等征集活动。

应征公民符合服现役条件,并经县、自治县、不设区的市、市辖区征集工作机构批准的,被征集服现役。

第二十二条 【优先履行服兵役】在征集期间,应征公民被征集服现役,同时被机关、团体、企业事业组织招录或者聘用的,应当优先履行服兵役义务;有关机关、团体、企业事业组织应当服从国防和军队建设的需要,支持兵员征集工作。

第二十三条 【缓征】应征公民是维持家庭生活唯一劳动力的,可以缓征。

第二十四条 【不征集】应征公民因涉嫌犯罪正在被依法监察调查、侦查、起诉、审判或者被判处徒刑、拘役、管制正在服刑的,不征集。

第四章　士兵的现役和预备役

第二十五条 【现役士兵的种类】现役士兵包括义务兵役制士兵和志愿兵役制士兵,义务兵役制士兵称义务兵,志愿兵役制士兵称军士。

第二十六条 【义务兵服现役的期限】义务兵服现役的期限为二年。

第二十七条 【军士】义务兵服现役期满,根据军队需要和本人自愿,经批准可以选改为军士;服现役期间表现特别优秀的,经批准可以提前选改为军士。根据军队需要,可以直接从非军事部门具有专业技能的公民中招收军士。

军士实行分级服现役制度。军士服现役的期限一般不超过三十年,年龄不超过五十五周岁。

军士分级服现役的办法和直接从非军事部门招收军士的办法,按照国家和军队有关规定执行。

第二十八条 【退役】士兵服现役期满,应当退出现役。

士兵因国家建设或者军队编制调整需要退出现役的,经军队医院诊断证明本人健康状况不适合继续服现役的,或者因其他特殊原因需要退出现役的,经批准可以提前退出现役。

第二十九条 【士兵服现役和退出现役的时间】士兵服现役的时间自征集工作机构批准入伍之日起算。

士兵退出现役的时间为部队下达退出现役命令之日。

第三十条 【预备役】依照本法第十七条规定经过预备役登记的退出现役的士兵，由部队会同兵役机关根据军队需要，遴选确定服士兵预备役；经过考核，适合担任预备役军官职务的，服军官预备役。

第三十一条 【服士兵预备役】依照本法第十六条规定经过预备役登记的公民，符合士兵预备役条件的，由部队会同兵役机关根据军队需要，遴选确定服士兵预备役。

第三十二条 【士兵服预备役的年龄限制】预备役士兵服预备役的最高年龄，依照其他有关法律规定执行。

预备役士兵达到服预备役最高年龄的，退出预备役。

第五章 军官的现役和预备役

第三十三条 【现役军官选拔和招收对象】现役军官从下列人员中选拔、招收：

（一）军队院校毕业学员；

（二）普通高等学校应届毕业生；

（三）表现优秀的现役士兵；

（四）军队需要的专业技术人员和其他人员。

战时根据需要，可以从现役士兵、军队院校学员、征召的预备役军官和其他人员中直接任命军官。

第三十四条 【预备役军官种类】预备役军官包括下列人员：

（一）确定服军官预备役的退出现役的军官；

（二）确定服军官预备役的退出现役的士兵；

（三）确定服军官预备役的专业技术人员和其他人员。

第三十五条 【军官服役的最高年龄】军官服现役和服预备役的最高年龄，依照其他有关法律规定执行。

第三十六条 【现役军官退出现役】现役军官按照规定服现役已满最高年龄或者衔级最高年限的，退出现役；需要延长服现役或者暂缓退出现役的，依照有关法律规定执行。

现役军官按照规定服现役未满最高年龄或者衔级最高年限，因特殊情况需要退出现役的，经批准可以退出现役。

第三十七条 【服军官预备役及退出预备役】依照本法第十七条规定经过预备役登记的退出现役的军官、依照本法第十六条规定经过预备役登记的公民，符合军官预备役条件的，由部队会同兵役机关根据军队需要，遴选确定服军官预备役。

预备役军官按照规定服预备役已满最高年龄的，退出预备役。

第六章 军队院校从青年学生中招收的学员

第三十八条 【从青年学生中招收学员】根据军队建设的需要，军队院校可以从青年学生中招收学员。招收学员的年龄，不受征集服现役年龄的限制。

第三十九条 【毕业】学员完成学业达到军队培养目标的，由院校发给毕业证书；按照规定任命为现役军官或者军士。

第四十条 【多种方式分流】学员未达到军队培养目标或者不符合军队培养要求的，由院校按照国家和军队有关规定发给相应证书，并采取多种方式分流；其中，回入学前户口所在地的学员，就读期间其父母已办理户口迁移手续的，可以回父母现户口所在地，由县、自治县、不设区的市、市辖区的人民政府按照国家有关规定接收安置。

第四十一条 【开除学籍】学员被开除学籍的，回入学前户口所在地；就读期间其父母已办理户口迁移手续的，可以回父母现户口所在地，由县、自治县、不设区的市、市辖区的人民政府按照国家有关规定办理。

第四十二条 【军队院校从现役士兵中招收学员的适用条款】军队院校从现役士兵中招收的学员，适用本法第三十九条、第四十条、第四十一条的规定。

第七章 战时兵员动员

第四十三条 【平时战备工作】为了应对国家主权、统一、领土完整、安全和发展利益遭受的威胁，抵抗侵略，各级人民政府、各级军事机关，在平时必须做好战时兵员动员的准备工作。

第四十四条 【国防动员】在国家发布动员令或者国务院、中央军事委员会依照《中华人民共和国国防动员法》采取必要的国防动员措施后，各级人民政府、各级军事机关必须依法迅速实施动员，军人停止退出现役，休假、探亲的军人立即归队，预备役人员随时准备应召服现役，经过预备役登记的公民做好服预备役被征召的准备。

第四十五条 【战时遇特殊情况的征召】战时根据需要，国务院和中央军事委员会可以决定适当放宽征召男性公民服现役的年龄上限，可以决定延长公民服现役的期限。

第四十六条 【战后复员及其安置】战争结束后，需要复员的军人，根据国务院和中央军事委员会的复员命令，分期分批地退出现役，由各级人民政府妥善安置。

第八章 服役待遇和抚恤优待

第四十七条 【军人待遇保障】国家保障军人享有符合军事职业特点、与其履行职责相适应的工资、津贴、住房、医疗、保险、休假、疗养等待遇。军人的待遇应当与国民经济发展相协调，与社会进步相适应。

女军人的合法权益受法律保护。军队应当根据女军人的特点，合理安排女军人的工作任务和休息休假，在生育、健康等方面为女军人提供特别保护。

第四十八条 【预备役人员待遇保障】预备役人员参战、参加军事训练、担负战备勤务、执行非战争军事行动任务，享受国家规定的伙食、交通等补助。预备役人员是机关、团体、企业事业组织工作人员的，参战、参加军事训练、担负战备勤务、执行非战争军事行动任务期间，所在单位应当保持其原有的工资、奖金和福利待遇。预备役人员的其他待遇保障依照有关法律法规和国家有关规定执行。

第四十九条 【军人优待政策】军人按照国家有关规定，在医疗、金融、交通、参观游览、法律服务、文化体育设施服务、邮政服务等方面享受优待政策。公民入伍时保留户籍。

军人因战、因公、因病致残的，按照国家规定评定残疾等级，发给残疾军人证，享受国家规定的待遇、优待和残疾抚恤金。因工作需要继续服现役的残疾军人，由所在部队按照规定发给残疾抚恤金。

军人牺牲、病故，国家按照规定发给其遗属抚恤金。

第五十条 【义务兵家庭优待金制度】国家建立义务兵家庭优待金制度。义务兵家庭优待金标准由地方人民政府制定,中央财政给予定额补助。具体补助办法由国务院退役军人工作主管部门、财政部门会同中央军事委员会机关有关部门制定。

义务兵和军士入伍前是机关、团体、事业单位或者国有企业工作人员的,退出现役后可以选择复职复工。

义务兵和军士入伍前依法取得的农村土地承包经营权,服现役期间应当保留。

第五十一条 【军属待遇保障】现役军官和军士的子女教育,家属的随军、就业创业以及工作调动,享受国家和社会的优待。

符合条件的军人家属,其住房、医疗、养老按照有关规定享受优待。

军人配偶随军未就业期间,按照国家有关规定享受相应的保障待遇。

第五十二条 【预备役人员的抚恤优待】预备役人员因参战、参加军事训练、担负战备勤务、执行非战争军事行动任务致残、牺牲的,由当地人民政府依照有关规定给予抚恤优待。

第九章 退役军人的安置

第五十三条 【义务兵退役后的安置】对退出现役的义务兵,国家采取自主就业、安排工作、供养等方式妥善安置。

义务兵退出现役自主就业的,按照国家规定发给一次性退役金,由安置地的县级以上地方人民政府接收,根据当地的实际情况,可以发给经济补助。国家根据经济社会发展,适时调整退役金的标准。

服现役期间平时获得二等功以上荣誉或者战时获得三等功以上荣誉以及属于烈士子女的义务兵退出现役,由安置地的县级以上地方人民政府安排工作;待安排工作期间由当地人民政府按照国家有关规定发给生活补助费;根据本人自愿,也可以选择自主就业。

因战、因公、因病致残的义务兵退出现役,按照国家规定的评定残疾等级采取安排工作、供养等方式予以妥善安置;符合安排工作条件的,根据本人自愿,也可以选择自主就业。

第五十四条 【军士退役后的安置】对退出现役的军士,国家采取逐月领取退役金、自主就业、安排工作、退休、供养等方式妥善安置。

军士退出现役，服现役满规定年限的，采取逐月领取退役金方式予以妥善安置。

军士退出现役，服现役满十二年或者符合国家规定的其他条件的，由安置地的县级以上地方人民政府安排工作；待安排工作期间由当地人民政府按照国家有关规定发给生活补助费；根据本人自愿，也可以选择自主就业。

军士服现役满三十年或者年满五十五周岁或者符合国家规定的其他条件的，作退休安置。

因战、因公、因病致残的军士退出现役，按照国家规定的评定残疾等级采取安排工作、退休、供养等方式予以妥善安置；符合安排工作条件的，根据本人自愿，也可以选择自主就业。

军士退出现役，不符合本条第二款至第五款规定条件的，依照本法第五十三条规定的自主就业方式予以妥善安置。

第五十五条　【军官退役后的安置】对退出现役的军官，国家采取退休、转业、逐月领取退役金、复员等方式妥善安置；其安置方式的适用条件，依照有关法律法规的规定执行。

第五十六条　【残疾军人、患慢性病的军人退役后的安置】残疾军人、患慢性病的军人退出现役后，由安置地的县级以上地方人民政府按照国务院、中央军事委员会的有关规定负责接收安置；其中，患过慢性病旧病复发需要治疗的，由当地医疗机构负责给予治疗，所需医疗和生活费用，本人经济困难的，按照国家规定给予补助。

第十章　法律责任

第五十七条　【有服兵役义务的公民违法行为的惩处】有服兵役义务的公民有下列行为之一的，由县级人民政府责令限期改正；逾期不改正的，由县级人民政府强制其履行兵役义务，并处以罚款：

（一）拒绝、逃避兵役登记的；

（二）应征公民拒绝、逃避征集服现役的；

（三）预备役人员拒绝、逃避参加军事训练、担负战备勤务、执行非战争军事行动任务和征召的。

有前款第二项行为，拒不改正的，不得录用为公务员或者参照《中华人民共和国公务员法》管理的工作人员，不得招录、聘用为国有企业和事业单位工作人员，两年内不准出境或者升学复学，纳入履行国防义务严重失信主体名单实施联合惩戒。

第五十八条　【逃避服兵役的处罚】军人以逃避服兵役为目的，拒绝履行职责或者逃离部队的，按照中央军事委员会的规定给予处分。

军人有前款行为被军队除名、开除军籍或者被依法追究刑事责任的，依照本法第五十七条第二款的规定处罚；其中，被军队除名的，并处以罚款。

明知是逃离部队的军人而招录、聘用的，由县级人民政府责令改正，并处以罚款。

第五十九条　【机关、团体、企事业组织妨害兵役工作行为的处罚】机关、团体、企业事业组织拒绝完成本法规定的兵役工作任务的，阻挠公民履行兵役义务的，或者有其他妨害兵役工作行为的，由县级以上地方人民政府责令改正，并可以处以罚款；对单位负有责任的领导人员、直接负责的主管人员和其他直接责任人员，依法予以处罚。

第六十条　【阻碍兵役工作执法行为的处罚】扰乱兵役工作秩序，或者阻碍兵役工作人员依法执行职务的，依照《中华人民共和国治安管理处罚法》的规定处罚。

第六十一条　【国家工作人员和军人在兵役工作中违法的处罚】国家工作人员和军人在兵役工作中，有下列行为之一的，依法给予处分：

（一）贪污贿赂的；

（二）滥用职权或者玩忽职守的；

（三）徇私舞弊，接送不合格兵员的；

（四）泄露或者向他人非法提供兵役个人信息的。

第六十二条　【刑事责任】违反本法规定，构成犯罪的，依法追究刑事责任。

第六十三条　【处罚实施】本法第五十七条、第五十八条、第五十九条规定的处罚，由县级以上地方人民政府兵役机关会同有关部门查明事实，经同级地方人民政府作出处罚决定后，由县级以上地方人民政府兵役机关、发展改革、公安、退役军人工作、卫生健康、教育、人力资源和社会保障等部门按照职责分工具体执行。

第十一章　附　　则

第六十四条　【适用范围】本法适用于中国人民武装警察部队。

第六十五条　【施行日期】本法自2021年10月1日起施行。

中华人民共和国现役军官法

1. 1988年9月5日第七届全国人民代表大会常务委员会第三次会议通过
2. 根据1994年5月12日第八届全国人民代表大会常务委员会第七次会议《关于修改〈中国人民解放军现役军官服役条例〉的决定》第一次修正
3. 根据2000年12月28日第九届全国人民代表大会常务委员会第十九次会议《关于修改〈中国人民解放军现役军官服役条例〉的决定》第二次修正

目　　录

第一章　总　　则

第一条　【立法目的】为了建设一支革命化、年轻化、知识化、专业化的现役军官队伍，以利于人民解放军完成国家赋予的任务，制定本法。

第二条　【现役军官】人民解放军现役军官（以下简称军官）是被任命为排级以上职务或者初级以上专业技术职务，并被授予相应军衔的现役军人。

军官按照职务性质分为军事军官、政治军官、后勤军官、装备军官和专业技术军官。

第三条 **【军官的法律地位】**军官是国家工作人员的组成部分。

军官履行宪法和法律赋予的神圣职责，在社会生活中享有与其职责相应的地位和荣誉。

国家依法保障军官的合法权益。

第四条 **【军官的选用】**军官的选拔和使用，坚持任人唯贤、德才兼备、注重实绩、适时交流的原则，实行民主监督，尊重群众公论。

第五条 **【军官的待遇】**国家按照优待现役军人的原则，确定军官的各种待遇。

第六条 **【军官退役】**军官符合本法规定的退出现役条件的，应当退出现役。

第七条 **【军官管理】**人民解放军总政治部主管全军的军官管理工作，团级以上单位的政治机关主管本单位的军官管理工作。

第二章 军官的基本条件、来源和培训

第八条 **【军官的条件】**军官必须具备下列基本条件：

（一）忠于祖国，忠于中国共产党，有坚定的革命理想、信念，全心全意为人民服务，自觉献身国防事业；

（二）遵守宪法和法律、法规，执行国家的方针、政策和军队的规章、制度，服从命令，听从指挥；

（三）具有胜任本职工作所必需的理论、政策水平，现代军事、科学文化、专业知识，组织、指挥能力，经过院校培训并取得相应学历，身体健康；

（四）爱护士兵，以身作则，公道正派，廉洁奉公，艰苦奋斗，不怕牺牲。

第九条 **【军官的来源】**军官的来源：

（一）选拔优秀士兵和普通中学毕业生入军队院校学习毕业；

（二）接收普通高等学校毕业生；

（三）由文职干部改任；

（四）招收军队以外的专业技术人员和其他人员。

战时根据需要，可以从士兵、征召的预备役军官和非军事部门的人员中直接任命军官。

第十条 【军官的培训】人民解放军实行经院校培训提拔军官的制度。

军事、政治、后勤、装备军官每晋升一级指挥职务，应当经过相应的院校或者其他训练机构培训。担任营级以下指挥职务的军官，应当经过初级指挥院校培训；担任团级和师级指挥职务的军官，应当经过中级指挥院校培训；担任军级以上指挥职务的军官，应当经过高级指挥院校培训。

在机关任职的军官应当经过相应的院校培训。

专业技术军官每晋升一级专业技术职务，应当经过与其所从事专业相应的院校培训；院校培训不能满足需要时，应当通过其他方式，完成规定的继续教育任务。

第三章 军官的考核和职务任免

第十一条 【军官的考核】各级首长和政治机关应当按照分工对所属军官进行考核。

考核军官，应当实行领导和群众相结合，根据军官的基本条件和中央军事委员会规定的军官考核标准、程序、方法，以工作实绩为主，全面考核。考核结果分为优秀、称职、不称职三个等次，并作为任免军官职务的主要依据。考核结果应当告知本人。

任免军官职务，应当先经考核；未经考核不得任免。

第十二条 【军官的任免】军官职务的任免权限：

（一）总参谋长、总政治部主任至正师职军官职务，由中央军事委员会主席任免；

（二）副师职（正旅职）、正团职（副旅职）军官职务和高级专业技术军官职务，由总参谋长、总政治部主任、总后勤部部长和政治委员、总装备部部长和政治委员、大军区及军兵种或者相当大军区级单位的正职首长任免，副大军区级单位的正团职（副旅职）军官职务由副大军区级单位的正职首长任免；

（三）副团职、正营职军官职务和中级专业技术军官职务，由集团军或者其他有任免权的军级单位的正职首长任免，独立师的正营职军官职务由独立师的正职首长任免；

（四）副营职以下军官职务和初级专业技术军官职务，由师（旅）或者其他有任免权的师（旅）级单位的正职首长任免。

前款所列军官职务的任免，按照中央军事委员会规定的程序办理。

第十三条 **【暂时免职与临时指派】**在执行作战、抢险救灾等紧急任务时，上级首长有权暂时免去违抗命令、不履行职责或者不称职的所属军官的职务，并可以临时指派其他军人代理；因其他原因，军官职务出现空缺时，上级首长也可以临时指派军人代理。

依照前款规定暂时免去或者临时指派军人代理军官职务，应当尽快报请有任免权的上级审核决定，履行任免手续。

第十四条 **【作战部队军官任职最高年龄】**作战部队的军事、政治、后勤、装备军官平时任职的最高年龄分别为：

（一）担任排级职务的，三十岁；

（二）担任连级职务的，三十五岁；

（三）担任营级职务的，四十岁；

（四）担任团级职务的，四十五岁；

（五）担任师级职务的，五十岁；

（六）担任军级职务的，五十五岁；

（七）担任大军区级职务的，副职六十三岁，正职六十五岁。

在舰艇上服役的营级和团级职务军官，任职的最高年龄分别为四十五岁和五十岁；从事飞行的团级职务军官，任职的最高年龄为五十岁。

作战部队的师级和军级职务军官，少数工作需要的，按照任免权限经过批准，任职的最高年龄可以适当延长，但是师级和正军职军官延长的年龄最多不得超过五岁，副军职军官延长的年龄最多不得超过三岁。

第十五条 **【非作战部队军官任职最高年龄】**作战部队以外单位的副团职以下军官和大军区级职务军官，任职的最高年龄依照本法第十四条第一款的相应规定执行；正团职军官，任职的最高年龄为五十岁；师级职务军官，任职的最高年龄为五十五岁；副军职和正军职军官，任职的最高年龄分别为五十八岁和六十岁。

第十六条 【专业技术军官任职最高年龄】专业技术军官平时任职的最高年龄分别为：

（一）担任初级专业技术职务的，四十岁；

（二）担任中级专业技术职务的，五十岁；

（三）担任高级专业技术职务的，六十岁。

担任高级专业技术职务的军官，少数工作需要的，按照任免权限经过批准，任职的最高年龄可以适当延长，但是延长的年龄最多不得超过五岁。

第十七条 【主官任职最低年限】担任排、连、营、团、师（旅）、军级主官职务的军官，平时任职的最低年限分别为三年。

第十八条 【机关和院校军官任职最低年限】机关和院校的股长、科长、处长、局长、部长及相当领导职务的军官，任职的最低年限参照本法第十七条的规定执行。

机关和院校的参谋、干事、秘书、助理员、教员等军官，每个职务等级任职的最低年限为三年。

第十九条 【专业技术军官平时任职最低年限】专业技术军官平时任职的最低年限，按照中央军事委员会的有关规定执行。

第二十条 【军官晋升】军官任职满最低年限后，才能根据编制缺额和本人德才条件逐职晋升。

军官德才优秀、实绩显著、工作需要的，可以提前晋升；特别优秀的，可以越职晋升。

第二十一条 【军官晋升条件】军官晋升职务，应当具备拟任职务所要求的任职经历、文化程度、院校培训等资格。具体条件由中央军事委员会规定。

第二十二条 【军职任命依据】军官职务应当按照编制员额和编制职务等级任命。

第二十三条 【考核与待遇】军官经考核不称职的，应当调任下级职务或者改做其他工作，并按照新任职务确定待遇。

第二十四条 【任职最高年限】担任师、军、大军区级职务的军官，正职和副职平时任职的最高年限分别为十年。任职满最高年限的，应当免去现任职务。

第二十五条 **【派遣军官】**根据国防建设的需要，军队可以向非军事部门派遣军官，执行军队交付的任务。

第二十六条 **【军官改任】**军官可以按照中央军事委员会的规定改任文职干部。

第四章 军官的交流和回避

第二十七条 **【军官的交流】**军官应当在不同岗位或者不同单位之间进行交流，具体办法由中央军事委员会根据本法规定。

第二十八条 **【任职年限与交流】**军官在一个岗位任职满下列年限的，应当交流：

（一）作战部队担任师级以下主官职务的，四年；担任军级主官职务的，五年；

（二）作战部队以外单位担任军级以下主官职务的，五年；

（三）机关担任股长、科长、处长及相当领导职务的，四年；担任局长、部长及相当领导职务的，五年；但是少数专业性强和工作特别需要的除外。

担任师级和军级领导职务的军官，在本单位连续工作分别满二十五年和三十年的，应当交流。

担任其他职务的军官，也应当根据需要进行交流。

第二十九条 **【艰苦地区的军官交流】**在艰苦地区工作的军官向其他地区交流，按照中央军事委员会的有关规定执行。

第三十条 **【军官任职回避】**军官之间有夫妻关系、直系血亲关系、三代以内旁系血亲关系以及近姻亲关系的，不得担任有直接上下级或者间隔一级领导关系的职务，不得在同一单位担任双方直接隶属于同一首长的职务，也不得在担任领导职务一方的机关任职。

第三十一条 **【军官的避籍】**军官不得在其原籍所在地的军分区（师级警备区）和县、市、市辖区的人民武装部担任主官职务，但是工作特别需要的除外。

第三十二条 **【回避与例外】**军官在执行职务时，涉及本人或者涉及与本人有本法第三十条所列亲属关系人员的利益关系的，应当回避，但是执行作战任务和其他紧急任务的除外。

第五章　军官的奖励和处分

第三十三条　【军官的奖励】军官在作战和军队建设中做出突出贡献或者取得显著成绩，以及为国家和人民做出其他较大贡献的，按照中央军事委员会的规定给予奖励。

奖励分为：嘉奖、三等功、二等功、一等功、荣誉称号以及中央军事委员会规定的其他奖励。

第三十四条　【军官的处分】军官违反军纪的，按照中央军事委员会的规定给予处分。

处分分为：警告、严重警告、记过、记大过、降职（级）或者降衔、撤职、开除军籍以及中央军事委员会规定的其他处分。

第三十五条　【被撤职军官】对被撤职的军官，根据其所犯错误的具体情况，任命新的职务；未任命新的职务的，应当确定职务等级待遇。

第三十六条　【违法犯罪】军官违反法律，构成犯罪的，依法追究刑事责任。

第六章　军官的待遇

第三十七条　【军官的工资】军官实行职务军衔等级工资制和定期增资制度，按照国家和军队的有关规定享受津贴和补贴，并随着国民经济的发展适时调整。具体标准和办法由中央军事委员会规定。

军官按照规定离职培训、休假、治病疗养以及免职待分配期间，工资照发。

第三十八条　【医疗与保险】军官享受公费医疗待遇。有关部门应当做好军官的医疗保健工作，妥善安排军官的治病和疗养。

军官按照国家和军队的有关规定享受军人保险待遇。

第三十九条　【军官的住房】军官住房实行公寓住房与自有住房相结合的保障制度。军官按照规定住用公寓住房或者购买自有住房，享受相应的住房补贴和优惠待遇。

第四十条　【军官的休假】军官享受休假待遇。上级首长应当每年按照规定安排军官休假。

执行作战任务部队的军官停止休假。

国家发布动员令后，按照动员令应当返回部队的正在休假的军官，应当自动结束休假，立即返回本部。

第四十一条 【随军】军官的家属随军、就业、工作调动和子女教育，享受国家和社会优待。

军官具备家属随军条件的，经师（旅）级以上单位的政治机关批准，其配偶和未成年子女、无独立生活能力的子女可以随军，是农村户口的，转为城镇户口。

部队移防或者军官工作调动的，随军家属可以随调。

军官年满五十岁、身边无子女的，可以调一名有工作的子女到军官所在地。所调子女已婚的，其配偶和未成年子女、无独立生活能力的子女可以随调。

随军的军官家属、随调的军官子女及其配偶的就业和工作调动，按照国务院和中央军事委员会的有关规定办理。

第四十二条 【家属安置】军官牺牲、病故后，其随军家属移交政府安置管理。具体办法由国务院和中央军事委员会规定。

第七章 军官退出现役

第四十三条 【服役最低年限】军事、政治、后勤、装备军官平时服现役的最低年限分别为：

（一）担任排级职务的，八年；

（二）担任连级职务的，副职十年，正职十二年；

（三）担任营级职务的，副职十四年，正职十六年；

（四）担任团级职务的，副职十八年，正职二十年。

第四十四条 【专业技术军官的服役最低年限】专业技术军官平时服现役的最低年限分别为：

（一）担任初级专业技术职务的，十二年；

（二）担任中级专业技术职务的，十六年；

（三）担任高级专业技术职务的，二十年。

第四十五条 【提前退役】军官未达到平时服现役的最低年限的，不得退出现役。但是有下列情形之一的，应当提前退出现役：

（一）伤病残不能坚持正常工作的；

（二）经考核不称职又不宜作其他安排的；

（三）犯有严重错误不适合继续服现役的；

（四）调离军队，到非军事部门工作的；

（五）因军队体制编制调整精简需要退出现役的。

军官未达到平时服现役的最低年限，要求提前退出现役未获批准，经教育仍坚持退出现役的，给予降职（级）处分或者取消其军官身份后，可以作出退出现役处理。

第四十六条　【到龄退役】军官达到平时服现役的最高年龄的，应当退出现役。

军官平时服现役的最高年龄分别为：

（一）担任正团职职务的，五十岁；

（二）担任师级职务的，五十五岁；

（三）担任军级职务的，副职五十八岁，正职六十岁；

（四）担任其他职务的，服现役的最高年龄与任职的最高年龄相同。

第四十七条　【未到龄退役】军官未达到平时服现役的最高年龄，有下列情形之一的，应当退出现役：

（一）任职满最高年限后需要退出现役的；

（二）伤病残不能坚持正常工作的；

（三）受军队编制员额限制，不能调整使用的；

（四）调离军队，到非军事部门工作的；

（五）有其他原因需要退出现役的。

第四十八条　【退役的批准】军官退出现役的批准权限与军官职务的任免权限相同。

第四十九条　【退役的安置】军官退出现役后，采取转业由政府安排工作和职务，或者由政府协助就业、发给退役金的方式安置；有的也可以采取复员或者退休的方式安置。

担任师级以上职务和高级专业技术职务的军官，退出现役后作退休安置，有的也可以作转业安置或者其他安置。

担任团级以下职务和初级、中级专业技术职务的军官，退出现役后作转业安置或者其他安置。

对退出现役由政府安排工作和职务以及由政府协助就业、发给退役金的军官，政府应当根据需要进行职业培训。

未达到服现役的最高年龄，基本丧失工作能力的军官，退出现役后作退休安置。

服现役满三十年以上或者服现役和参加工作满三十年以上，或者年满五十岁以上的军官，担任师级以上职务，本人提出申请，经组织批准的，退出现役后可以作退休安置；担任团级职务，不宜作转业或者其他安置的，可以由组织批准退出现役后作退休安置。

第五十条 **【军官的离休】**军官达到服现役的最高年龄，符合国家规定的离休条件的，可以离职休养。因工作需要或者其他原因，经过批准，可以提前或者推迟离休。

第五十一条 **【安置管理】**军官退出现役后的安置管理具体办法由国务院和中央军事委员会规定。

军官离职休养和军级以上职务军官退休后，按照国务院和中央军事委员会的有关规定安置管理。

第八章　附　　则

第五十二条 **【实施办法的制定】**人民解放军总政治部根据本法制定实施办法，报国务院和中央军事委员会批准后施行。

第五十三条 **【武警警官的法律适用】**中国人民武装警察部队现役警官适用本法，具体办法由国务院和中央军事委员会规定。

第五十四条 **【施行与废止】**本法(原称《中国人民解放军现役军官服役条例》)自1989年1月1日起施行。1978年8月18日第五届全国人民代表大会常务委员会批准、1978年8月19日国务院和中央军事委员会颁布的《中国人民解放军干部服役条例》同时废止。

全国人民代表大会常务委员会关于中国人民解放军现役士兵衔级制度的决定

1. 2022年2月28日第十三届全国人民代表大会常务委员会第三十三次会议通过
2. 2022年2月28日中华人民共和国主席令第108号公布
3. 自2022年3月31日起施行

为了深化国防和军队改革,加强军队的指挥和管理,推进国防和军队现代化,根据宪法,现就中国人民解放军现役士兵衔级制度作如下决定:

一、**【士兵军衔】**士兵军衔是表明士兵身份、区分士兵等级的称号和标志,是党和国家给予士兵的地位和荣誉。

士兵军衔分为军士军衔、义务兵军衔。

二、**【军士军衔的分级】**军士军衔设三等七衔:

(一)高级军士:一级军士长、二级军士长、三级军士长;

(二)中级军士:一级上士、二级上士;

(三)初级军士:中士、下士。

军士军衔中,一级军士长为最高军衔,下士为最低军衔。

三、**【义务兵军衔的分级】**义务兵军衔由高至低分为上等兵、列兵。

四、**【士兵军衔的划分】**士兵军衔按照军种划分种类,在军衔前冠以军种名称。

五、**【军衔上下级的区分】**军衔高的士兵与军衔低的士兵,军衔高的为上级。军衔高的士兵在职务上隶属于军衔低的士兵的,职务高的为上级。

六、**【士兵军衔的授予、晋升依据】**士兵军衔的授予、晋升,以本人任职岗位、德才表现和服役贡献为依据。

七、**【标志式样和佩带办法的规定机关】**士兵军衔的标志式样和佩带办法,由中央军事委员会规定。

士兵必须按照规定佩带与其军衔相符的军衔标志。

八、【衔级年限的规定机关】士兵服现役的衔级年限和军衔授予、晋升、降级、剥夺以及培训、考核、任用等管理制度，由中央军事委员会规定。

九、【决定适用】中国人民武装警察部队现役警士、义务兵的衔级制度，适用本决定。

十、【施行日期】本决定自2022年3月31日起施行。

中华人民共和国预备役人员法

1. 2022年12月30日第十三届全国人民代表大会常务委员会第三十八次会议通过
2. 2022年12月30日中华人民共和国主席令第127号公布
3. 自2023年3月1日起施行

目　　录

第一章　总　　则

第一条　【立法目的和根据】为了健全预备役人员制度，规范预备役人员管理，维护预备役人员合法权益，保障预备役人员有效履行职责使命，加强国防力量建设，根据宪法和《中华人民共和国国防法》、《中华人民共和国兵役法》，制定本法。

第二条 【预备役人员】本法所称预备役人员，是指依法履行兵役义务，预编到中国人民解放军现役部队或者编入中国人民解放军预备役部队服预备役的公民。

预备役人员分为预备役军官和预备役士兵。预备役士兵分为预备役军士和预备役兵。

预备役人员是国家武装力量的成员，是战时现役部队兵员补充的重要来源。

第三条 【预备役人员工作的指导思想】预备役人员工作坚持中国共产党的领导，贯彻习近平强军思想，坚持总体国家安全观，贯彻新时代军事战略方针，以军事需求为牵引，以备战打仗为指向，以质量建设为着力点，提高预备役人员履行使命任务的能力和水平。

第四条 【职责和权益保障】预备役人员必须服从命令、严守纪律，英勇顽强、不怕牺牲，按照规定参加政治教育和军事训练、担负战备勤务、执行非战争军事行动任务，随时准备应召参战，保卫祖国。

国家依法保障预备役人员的地位和权益。预备役人员享有与其履行职责相应的荣誉和待遇。

第五条 【管理部门】中央军事委员会领导预备役人员工作。

中央军事委员会政治工作部门负责组织指导预备役人员管理工作，中央军事委员会国防动员部门负责组织预备役人员编组、动员征集等有关工作，中央军事委员会机关其他部门按照职责分工负责预备役人员有关工作。

中央国家机关、县级以上地方人民政府和同级军事机关按照职责分工做好预备役人员有关工作。

编有预备役人员的部队（以下简称部队）负责所属预备役人员政治教育、军事训练、执行任务和有关选拔补充、日常管理、退出预备役等工作。

第六条 【军地联席会议和纳入考核】县级以上地方人民政府和有关军事机关应当根据预备役人员工作需要召开军地联席会议，协调解决有关问题。

县级以上地方人民政府和同级军事机关，应当将预备役人员工作情况作为拥军优属、拥政爱民评比和有关单位及其负责人考核评价的内容。

第七条 【其他单位应支持、协助预备役人员的工作】机关、团体、企业事业组织和乡镇人民政府、街道办事处应当支持预备役人员履行预备役职责，协助做好预备役人员工作。

第八条 【信息化建设和保密义务】国家加强预备役人员工作信息化建设。

中央军事委员会政治工作部门会同中央国家机关、中央军事委员会机关有关部门，统筹做好信息数据系统的建设、维护、应用和信息安全管理等工作。

有关部门和单位、个人应当对在预备役人员工作过程中知悉的国家秘密、军事秘密和个人隐私、个人信息予以保密，不得泄露或者向他人非法提供。

第九条 【经费】预备役人员工作所需经费，按照财政事权和支出责任划分原则列入中央和地方预算。

第十条 【表彰和奖励】预备役人员在履行预备役职责中做出突出贡献的，按照国家和军队有关规定给予表彰和奖励。

组织和个人在预备役人员工作中做出突出贡献的，按照国家和军队有关规定给予表彰和奖励。

第二章 预备役军衔

第十一条 【预备役军衔制度】国家实行预备役军衔制度。

预备役军衔是区分预备役人员等级、表明预备役人员身份的称号和标志，是党和国家给予预备役人员的地位和荣誉。

第十二条 【预备役军衔等级】预备役军衔分为预备役军官军衔、预备役军士军衔和预备役兵军衔。

预备役军官军衔设二等七衔：

（一）预备役校官：预备役大校、上校、中校、少校；

（二）预备役尉官：预备役上尉、中尉、少尉。

预备役军士军衔设三等七衔：

（一）预备役高级军士：预备役一级军士长、二级军士长、三级军士长；

（二）预备役中级军士：预备役一级上士、二级上士；

（三）预备役初级军士：预备役中士、下士。

预备役兵军衔设两衔：预备役上等兵、列兵。

第十三条 【预备役军衔分类】预备役军衔按照军种划分种类，在预备役军衔前冠以军种名称。

预备役军官分为预备役指挥管理军官和预备役专业技术军官，分别授予预备役指挥管理军官军衔和预备役专业技术军官军衔。

预备役军衔标志式样和佩带办法由中央军事委员会规定。

第十四条 【预备役军衔的授予和晋升】预备役军衔的授予和晋升，以预备役人员任职岗位、德才表现、服役时间和做出的贡献为依据，具体办法由中央军事委员会规定。

第十五条 【退役保留军衔】预备役人员退出预备役的，其预备役军衔予以保留，在其军衔前冠以“退役”。

第十六条 【降低军衔等级和取消或剥夺军衔】对违反军队纪律的预备役人员，按照中央军事委员会的有关规定，可以降低其预备役军衔等级。

依照本法规定取消预备役人员身份的，相应取消其预备役军衔；预备役人员犯罪或者退出预备役后犯罪，被依法判处剥夺政治权利或者有期徒刑以上刑罚的，应当剥夺其预备役军衔。

批准取消或者剥夺预备役军衔的权限，与批准授予相应预备役军衔的权限相同。

第三章 选拔补充

第十七条 【预备役人员条件】预备役人员应当符合下列条件：

（一）忠于祖国，忠于中国共产党，拥护社会主义制度，热爱人民，热爱国防和军队；

（二）遵守宪法和法律，具有良好的政治素质和道德品行；

（三）年满十八周岁；

（四）具有履行职责的身体条件和心理素质；

（五）具备岗位要求的文化程度和工作能力；

（六）法律、法规规定的其他条件。

第十八条 【预备役人员的选拔补充】预备役人员主要从符合服预备役条件、经过预备役登记的退役军人和专业技术人才、专业技能人才中选拔补充。

预备役登记依照《中华人民共和国兵役法》有关规定执行。

第十九条 【预备役人员的选拔补充计划的制定和实施】预备役人员的选拔补充计划由中央军事委员会确定。中央军事委员会机关有关部门会同有关中央国家机关，指导部队和县级以上地方人民政府兵役机关实施。

第二十条 【预备役人员的遴选确定】部队应当按照规定的标准条件，会同县级以上地方人民政府兵役机关遴选确定预备役人员。

预备役人员服预备役的时间自批准服预备役之日起算。

第二十一条 【兵役机关职责】县级以上地方人民政府兵役机关应当向部队及时、准确地提供本行政区域公民预备役登记信息，组织预备役人员选拔补充对象的政治考核、体格检查等工作，办理相关入役手续。

第二十二条 【预备役人员选拔补充】机关、团体、企业事业组织和乡镇人民政府、街道办事处，应当根据部队需要和县、自治县、不设区的市、市辖区人民政府兵役机关的安排，组织推荐本单位、本行政区域符合条件的人员参加预备役人员选拔补充。

被推荐人员应当按照规定参加预备役人员选拔补充。

第二十三条 【授予预备役军衔】部队应当按照规定，对选拔补充的预备役人员授予预备役军衔、任用岗位职务。

第四章　教育训练和晋升任用

第二十四条 【教育训练】预备役人员的教育训练，坚持院校教育、训练实践、职业培训相结合，纳入国家和军队教育培训体系。

军队和预备役人员所在单位应当按照有关规定开展预备役人员教育训练。

第二十五条 【被授予和晋升军衔、任职前应接受教育训练】预备役人员在被授予和晋升预备役军衔、任用岗位职务前，应当根据需要接受相应的教育训练。

第二十六条 【参加军事训练和临战训练】预备役人员应当按照规定参

加军事训练，达到军事训练大纲规定的训练要求。

年度军事训练时间由战区级以上军事机关根据需要确定。

中央军事委员会可以决定对预备役人员实施临战训练，预备役人员必须按照要求接受临战训练。

第二十七条 【参加职业培训】预备役人员在服预备役期间应当按照规定参加职业培训，提高履行预备役职责的能力。

第二十八条 【考核】对预备役人员应当进行考核。考核工作由部队按照规定组织实施，考核结果作为其预备役军衔晋升、职务任用、待遇调整、奖励惩戒等的依据。

预备役人员的考核结果应当通知本人和其预备役登记地县、自治县、不设区的市、市辖区人民政府兵役机关以及所在单位，并作为调整其职位、职务、职级、级别、工资和评定职称等的依据之一。

第二十九条 【预备役人员的晋升和改选】预备役人员表现优秀、符合条件的，可以按照规定晋升预备役军衔、任用部队相应岗位职务。

预备役兵服预备役满规定年限，根据军队需要和本人自愿，经批准可以选改为预备役军士。

预备役人员任用岗位职务的批准权限由中央军事委员会规定。

第五章　日常管理

第三十条 【及时报告事项和相互通报制度】预备役人员有单位变更、迁居、出国（境）、患严重疾病、身体残疾等重要事项以及联系方式发生变化的，应当及时向部队报告。

预备役人员有前款规定情况或者严重违纪违法、失踪、死亡的，预备役人员所在单位和乡镇人民政府、街道办事处应当及时报告县、自治县、不设区的市、市辖区人民政府兵役机关。

部队应当与县、自治县、不设区的市、市辖区人民政府兵役机关建立相互通报制度，准确掌握预备役人员动态情况。

第三十一条 【变更预备役登记信息】预备役人员因迁居等原因需要变更预备役登记地的，相关县、自治县、不设区的市、市辖区人民政府兵役机关应当及时变更其预备役登记信息。

第三十二条 【参加召集】预备役人员参加军事训练、担负战备勤务、执行非战争军事行动任务等的召集，由部队通知本人，并通报其所在单位和预备役登记地县、自治县、不设区的市、市辖区人民政府兵役机关。

召集预备役人员担负战备勤务、执行非战争军事行动任务，应当经战区级以上军事机关批准。

预备役人员所在单位和预备役登记地县、自治县、不设区的市、市辖区人民政府兵役机关，应当协助召集预备役人员。

预备役人员应当按照召集规定时间到指定地点报到。

第三十三条　【按照军队有关规定管理事项】预备役人员参加军事训练、担负战备勤务、执行非战争军事行动任务等期间，由部队按照军队有关规定管理。

第三十四条　【预备役服装和标志服饰】预备役人员按照军队有关规定穿着预备役制式服装、佩带预备役标志服饰。

任何单位和个人不得非法生产、买卖预备役制式服装和预备役标志服饰。

第三十五条　【做好执行任务的准备】预备役人员应当落实军队战备工作有关规定，做好执行任务的准备。

第六章　征　　召

第三十六条　【征召】在国家发布动员令或者国务院、中央军事委员会依法采取必要的国防动员措施后，部队应当根据上级的命令，迅速向被征召的预备役人员下达征召通知，并通报其预备役登记地县、自治县、不设区的市、市辖区人民政府兵役机关和所在单位。

预备役人员接到征召通知后，必须按照要求在规定时间到指定地点报到。国家发布动员令后，尚未接到征召通知的预备役人员，未经部队和预备役登记地兵役机关批准，不得离开预备役登记地；已经离开的，应当立即返回或者原地待命。

第三十七条　【其他单位配合征召义务】预备役登记地县、自治县、不设区的市、市辖区人民政府兵役机关，预备役人员所在单位和乡镇人民政府、街道办事处，应当督促预备役人员响应征召，为预备役人员征召提供必要的支持和协助，帮助解决困难，维护预备役人员合法权益。

从事交通运输的单位和个人应当优先运送被征召的预备役人员。

预备役人员因被征召，诉讼、行政复议、仲裁活动不能正常进行的，适用有关时效中止和程序中止的规定，但是法律另有规定的除外。

第三十八条　【暂缓征召】预备役人员有下列情形之一的，经其预备役登记地县、自治县、不设区的市、市辖区人民政府兵役机关核实，并经部队批准，可以暂缓征召：

（一）患严重疾病处于治疗期间暂时无法履行预备役职责；

（二）家庭成员生活不能自理，且本人为唯一监护人、赡养人、扶养人，或者家庭发生重大变故必须由本人亲自处理；

（三）女性预备役人员在孕期、产假、哺乳期内；

（四）涉嫌严重职务违法或者职务犯罪正在被监察机关调查，或者涉嫌犯罪正在被侦查、起诉、审判；

（五）法律、法规规定的其他情形。

第三十九条　【转服现役】被征召的预备役人员，根据军队有关规定转服现役。

预备役人员转服现役，由其预备役登记地县、自治县、不设区的市、市辖区人民政府兵役机关办理入伍手续。预备役人员转服现役的，按照有关规定改授相应军衔、任用相应岗位职务，履行军人职责。

第四十条　【退出现役】国家解除国防动员后，由预备役人员转服现役的军人需要退出现役的，按照军人退出现役的有关规定由各级人民政府妥善安置。被征召的预备役人员未转服现役的，部队应当安排其返回，并通知其预备役登记地县、自治县、不设区的市、市辖区人民政府兵役机关和所在单位。

第七章　待遇保障

第四十一条　【津贴补贴制度】国家建立激励与补偿相结合的预备役人员津贴补贴制度。

预备役人员按照规定享受服役津贴；参战、参加军事训练、担负战备勤务、执行非战争军事行动任务期间，按照规定享受任务津贴。

预备役人员参战、参加军事训练、担负战备勤务、执行非战争军事行动任务期间，按照规定享受相应补贴和伙食、交通等补助；其中，预备役人员是机关、团体、企业事业组织工作人员的，所在单位应当保持其原有的工资、奖金、福利和保险等待遇。

预备役人员津贴补贴的标准及其调整办法由中央军事委员会规定。

第四十二条 【医疗待遇】预备役人员参战，享受军人同等医疗待遇；参加军事训练、担负战备勤务、执行非战争军事行动任务期间，按照规定享受国家和军队相应医疗待遇。

军队医疗机构按照规定为预备役人员提供优先就医等服务。

第四十三条 【人身意外伤害保险】预备役人员参加军事训练、担负战备勤务、执行非战争军事行动任务期间，军队为其购买人身意外伤害保险。

第四十四条 【救助、慰问以及援助】预备役人员参战、参加军事训练、担负战备勤务、执行非战争军事行动任务期间，其家庭因自然灾害、意外事故、重大疾病等原因，基本生活出现严重困难的，地方人民政府和部队应当按照有关规定给予救助和慰问。

国家鼓励和支持人民团体、企业事业组织、社会组织和其他组织以及个人，为困难预备役人员家庭提供援助服务。

第四十五条 【所在单位不得因预备役人员履行预备役职责而对其作出处理】预备役人员所在单位不得因预备役人员履行预备役职责，对其作出辞退、解聘或者解除劳动关系、免职、降低待遇、处分等处理。

第四十六条 【优惠和扶持政策】预备役人员所在单位按照国家有关规定享受优惠和扶持政策。

预备役人员创办小微企业、从事个体经营等活动，可以按照国家有关规定享受融资优惠等政策。

第四十七条 【享受优待】预备役人员按照规定享受优待。

预备役人员因参战、参加军事训练、担负战备勤务、执行非战争军事行动任务伤亡的，由县级以上地方人民政府按照国家有关规定给予抚恤。

第四十八条 【举行仪式】预备役人员被授予和晋升预备役军衔，获得功勋荣誉表彰，以及退出预备役时，部队应当举行仪式。

第四十九条 【女性预备役人员的合法权益受法律保护】女性预备役人员的合法权益受法律保护。部队应当根据女性预备役人员的特点，合理安排女性预备役人员的岗位和任务。

第五十条 【退出预备役后的荣誉和待遇】预备役人员退出预备役后，按照规定享受相应的荣誉和待遇。

第八章 退出预备役

第五十一条 【服预备役的年限】预备役军官、预备役军士在本衔级服预备役的最低年限为四年。

预备役军官、预备役军士服预备役未满本衔级最低年限的，不得申请退出预备役；满最低年限的，本人提出申请，经批准可以退出预备役。

预备役兵服预备役年限为四年，其中，预备役列兵、上等兵各为二年。预备役兵服预备役未满四年的，不得申请退出预备役。预备役兵服预备役满四年未被选改为预备役军士的，应当退出预备役。

第五十二条 【服预备役的最高年龄】预备役人员服预备役达到最高年龄的，应当退出预备役。预备役人员服预备役的最高年龄：

（一）预备役指挥管理军官：预备役尉官为四十五周岁，预备役校官为六十周岁；

（二）预备役专业技术军官：预备役尉官为五十周岁，预备役校官为六十周岁；

（三）预备役军士：预备役下士、中士、二级上士均为四十五周岁，预备役一级上士、三级军士长、二级军士长、一级军士长均为五十五周岁；

（四）预备役兵为三十周岁。

第五十三条 【退出预备役的情形】预备役军官、预备役军士服预备役未满本衔级最低年限或者未达到最高年龄，预备役兵服预备役未满规定年限或者未达到最高年龄，有下列情形之一的，应当安排退出预备役：

（一）被征集或者选拔补充服现役的；

（二）因军队体制编制调整改革或者优化预备役人员队伍结构需要退出的；

（三）因所在单位或者岗位变更等原因，不适合继续服预备役的；

（四）因伤病残无法履行预备役职责的；

（五）法律、法规规定的其他情形。

第五十四条 【不得退出预备役的情形】预备役军官、预备役军士服预备役满本衔级最低年限或者达到最高年龄,预备役兵服预备役满规定年限或者达到最高年龄,有下列情形之一的,不得退出预备役:

(一)国家发布动员令或者国务院、中央军事委员会依法采取国防动员措施要求的;

(二)正在参战或者担负战备勤务、执行非战争军事行动任务的;

(三)涉嫌违反军队纪律正在接受审查或者调查、尚未作出结论的;

(四)法律、法规规定的其他情形。

前款规定的情形消失的,预备役人员可以提出申请,经批准后退出预备役。

第五十五条 【取消预备役人员身份的情形】预备役人员有下列情形之一的,应当取消预备役人员身份:

(一)预备役军官、预备役军士服预备役未满本衔级最低年限,预备役兵服预备役未满规定年限,本人要求提前退出预备役,经教育仍坚持退出预备役的;

(二)连续两年部队考核不称职的;

(三)因犯罪被追究刑事责任的;

(四)法律、法规规定的其他情形。

第五十六条 【退出预备役的时间】预备役人员退出预备役的时间为下达退出预备役命令之日。

第五十七条 【批准退出预备役的权限】批准预备役人员退出预备役的权限,与批准晋升相应预备役军衔的权限相同。

第九章 法律责任

第五十八条 【拒绝、逃避预备役义务的法律责任】经过预备役登记的公民拒绝、逃避参加预备役人员选拔补充的,预备役人员拒绝、逃避参加军事训练、担负战备勤务、执行非战争军事行动任务和征召的,由县级人民政府责令限期改正;逾期不改的,由县级人民政府强制其履行兵役义务,并处以罚款;属于公职人员的,还应当依法给予处分。

预备役人员有前款规定行为的,部队应当按照有关规定停止其相关待遇。

第五十九条 **【违反纪律的法律责任】**预备役人员参战、参加军事训练、担负战备勤务、执行非战争军事行动任务期间，违反纪律的，由部队按照有关规定给予处分。

第六十条 **【预备役工作中滥用职权、玩忽职守等的法律责任】**国家机关及其工作人员、军队单位及其工作人员在预备役人员工作中滥用职权、玩忽职守、徇私舞弊，或者有其他违反本法规定行为的，由其所在单位、主管部门或者上级机关责令改正；对负有责任的领导人员和直接责任人员，依法给予处分。

第六十一条 **【相关单位妨害预备役人员工作行为的法律责任】**机关、团体、企业事业组织拒绝完成本法规定的预备役人员工作任务的，阻挠公民履行预备役义务的，或者有其他妨害预备役人员工作行为的，由县级以上地方人民政府责令改正，并可以处以罚款；对负有责任的领导人员和直接责任人员，依法给予处分、处罚。

非法生产、买卖预备役制式服装和预备役标志服饰的，依法予以处罚。

第六十二条 **【刑事责任】**违反本法规定，构成犯罪的，依法追究刑事责任。

第六十三条 **【相关部门查明事实和执行职责】**本法第五十八条、第六十一条第一款规定的处罚，由县级以上地方人民政府兵役机关会同有关部门查明事实，经同级地方人民政府作出处罚决定后，由县级以上地方人民政府兵役机关和有关部门按照职责分工具体执行。

第十章 附 则

第六十四条 **【适用范围】**中国人民武装警察部队退出现役的人员服预备役的，适用本法。

第六十五条 **【施行日期】**本法自2023年3月1日起施行。《中华人民共和国预备役军官法》同时废止。

中国人民解放军文职人员条例

1. 2005 年 6 月 23 日国务院、中央军事委员会令第 438 号公布
2. 2017 年 9 月 27 日国务院、中央军事委员会令第 689 号第一次修订
3. 2022 年 12 月 10 日国务院、中央军事委员会令第 757 号第二次修订

第一章 总 则

第一条 为了规范文职人员的管理，保障文职人员合法权益，建设德才兼备的高素质、专业化文职人员队伍，促进军事人员现代化建设，根据《中华人民共和国国防法》等有关法律，制定本条例。

第二条 本条例所称文职人员，是指在军队编制岗位依法履行职责的非服兵役人员，是军队人员的组成部分，依法享有国家工作人员相应的权利、履行相应的义务。

第三条 文职人员管理坚持中国共产党的绝对领导，深入贯彻习近平强军思想，贯彻军委主席负责制，落实新时代党的组织路线，坚持党管干部、党管人才，坚持人才是第一资源，坚持公开、平等、竞争、择优，依照法定的权限、条件、标准和程序进行。

第四条 文职人员主要编配在军民通用、非直接参与作战，且专业性、保障性、稳定性较强的岗位，按照岗位性质分为管理类文职人员、专业技术类文职人员、专业技能类文职人员。管理类文职人员和专业技术类文职人员是党的干部队伍的重要组成部分。

第五条 军队建立与军人、公务员、事业单位工作人员相独立的文职人员政策制度体系。文职人员政策制度应当体现军事职业特点，构建完善的管理、保障机制。

军队对文职人员实行分类分级管理，提高管理效能和科学化水平。

第六条 中央军事委员会统一领导全军文职人员管理工作，中央军事委员会政治工作部负责组织指导全军文职人员管理工作。团级以上

单位的政治工作部门在党委领导下,负责本单位的文职人员管理工作。

中央和国家有关机关、地方有关机关、军队有关单位应当按照职责分工,做好文职人员的招录聘用、教育培训、户籍管理、社会保障、人力资源管理、抚恤优待、退休管理等工作,为文职人员提供公共服务和便利。

第七条 国家和军队依法保障文职人员享有与其身份属性、职业特点、职责使命和所作贡献相称的地位和权益,鼓励文职人员长期稳定地为国防和军队建设服务。

军队有关单位会同中央和国家有关机关、地方有关机关建立文职人员联合工作机制,协调做好跨军地文职人员管理有关工作。

第八条 对在文职人员管理工作中作出突出贡献的单位和个人,按照国家和军队有关规定给予表彰、奖励。

第二章 基本条件、职责、义务和权利

第九条 文职人员应当具备下列基本条件:

(一)具有中华人民共和国国籍;

(二)年满18周岁;

(三)符合军队招录聘用文职人员的政治条件;

(四)志愿服务国防和军队建设;

(五)符合岗位要求的文化程度、专业水平和工作能力;

(六)具有正常履行职责的身体条件和心理素质;

(七)法律、法规规定的其他条件。

第十条 文职人员主要履行下列职责:

(一)根据所任岗位,从事行政事务等管理工作,教育教学、科学研究、工程技术、医疗卫生等专业技术工作,操作维护、勤务保障等专业技能工作;

(二)根据需要,参加军事训练和战备值勤;

(三)根据需要,在作战和有作战背景的军事行动中承担支援保障任务,以及参加非战争军事行动;

(四)法律、法规规定的其他职责。

第十一条 文职人员应当履行下列义务：

（一）忠于中国共产党，忠于社会主义，忠于祖国，忠于人民，努力为国防和军队建设服务；

（二）遵守宪法、法律、法规和军队有关规章制度；

（三）服从命令，听从指挥，遵守纪律，保守秘密，发扬军队优良传统，维护军队良好形象；

（四）认真履职尽责，团结协作，勤奋敬业，努力提高工作质量和效率；

（五）学习和掌握履行职责所需要的科学文化、专业知识和技术技能，提高职业能力；

（六）清正廉洁，公道正派，恪守职业道德，模范遵守社会公德、家庭美德；

（七）根据需要，依法转服现役；

（八）法律、法规规定的其他义务。

第十二条 文职人员享有下列权利：

（一）获得勋章、荣誉称号、奖励、表彰以及纪念章等；

（二）获得工资报酬，享受相应的福利待遇、抚恤优待和社会保障；

（三）获得履行职责应当具有的工作条件和劳动保护；

（四）参加培训；

（五）非因法定事由、非经法定程序，不被免职、降职（级）、辞退、终止或者解除聘用合同、处分等；

（六）申请辞职或者解除聘用合同，申请人事争议处理，提出申诉和控告；

（七）法律、法规规定的其他权利。

第三章 岗位设置与级别

第十三条 军队建立文职人员岗位管理制度。

军队根据职责任务、人员编制设定文职人员岗位，明确岗位类别、岗位职务层级、岗位等级。

文职人员岗位类别，分为管理岗位、专业技术岗位、专业技能岗位。

根据岗位特点和管理需要,可以划分若干具体类别。

文职人员岗位职务层级,在管理岗位和专业技术岗位设置。

文职人员岗位等级,根据岗位类别,分为文员等级、专业技术岗位等级、专业技能岗位等级。

第十四条 管理类文职人员实行岗位职务层级与文员等级并行制度。

担任领导职务的管理类文职人员的岗位职务层级,由高到低分为七个层级,即军队文职部级副职、军队文职局级正职、军队文职局级副职、军队文职处级正职、军队文职处级副职、军队文职科级正职、军队文职科级副职。

文员等级在军队文职局级以下设置,由高到低分为十二个等级,即一级文员至十二级文员。

军队文职局级以下岗位职务层级对应的最低文员等级是:

(一)军队文职局级正职:一级文员;

(二)军队文职局级副职:二级文员;

(三)军队文职处级正职:四级文员;

(四)军队文职处级副职:六级文员;

(五)军队文职科级正职:八级文员;

(六)军队文职科级副职:十级文员。

第十五条 专业技术类文职人员实行岗位职务层级和专业技术岗位等级管理制度。

专业技术类文职人员岗位职务层级的设置和管理,按照军队有关规定执行。

专业技术类文职人员的专业技术岗位等级,由高到低分为十三个等级,即专业技术一级至十三级。

第十六条 专业技能类文职人员岗位分为技术工岗位和普通工岗位。

技术工岗位文职人员实行专业技能岗位等级管理制度,由高到低分为五个等级,即专业技能一级至五级;普通工岗位文职人员不分等级。

第十七条 文职人员实行级别管理制度。

文职人员级别,根据所任岗位职务层级、岗位等级及其德才表现、工作实绩和资历确定。

文职人员级别的设置和管理，以及与岗位职务层级、岗位等级的对应关系，按照军队有关规定执行。

文职人员的岗位职务层级、岗位等级与级别是确定文职人员工资以及其他待遇的主要依据。

第四章 招录聘用

第十八条 军队实行公开招考、直接引进、专项招录相结合的文职人员招录聘用制度。

公开招考，适用于新招录聘用七级文员、专业技术八级、专业技能三级以下和普通工岗位的文职人员。

直接引进，适用于选拔高层次人才和特殊专业人才。

专项招录，适用于从退役军人等特定群体中招录聘用文职人员。

第十九条 新招录聘用的文职人员，除应当具备本条例第九条规定的基本条件以外，还应当具备军队规定的拟任岗位有关资格条件。其中，文职人员首次招录聘用的最高年龄分别为：

（一）军队文职局级副职、二级文员以上岗位，以及专业技术七级以上岗位的，50周岁；

（二）军队文职处级正职至军队文职科级正职、三级文员至八级文员、专业技术八级至专业技术十级岗位，以及专业技能二级以上岗位的，45周岁；

（三）军队文职科级副职、九级文员至十二级文员、专业技术十一级至专业技术十三级岗位，以及专业技能三级以下和普通工岗位的，35周岁。

根据军队建设和执行任务需要，可以按照军队有关规定适当放宽文职人员招录聘用的最高年龄限制等条件。

文职人员岗位应当优先招录聘用符合条件的退役军人。

第二十条 公开招考文职人员，一般按照制定计划、发布信息、资格审查、统一笔试、面试、体格检查、政治考核、结果公示、审批备案的程序进行。

直接引进和专项招录文职人员的程序，按照国家和军队有关规定执行。

第二十一条 招录聘用军队文职部级副职和专业技术三级以上岗位文职

人员，由中央军事委员会审批。招录聘用其他管理类文职人员和专业技术类文职人员，由中央军事委员会机关部委、中央军事委员会直属机构、战区、军兵种、中央军事委员会直属单位审批。招录聘用专业技能类文职人员，由师级以上单位审批。

第二十二条 新招录聘用的文职人员按照军队有关规定实行试用期。试用期满考核合格的，按照规定任职定级；考核不合格的或者试用期内本人自愿放弃的，取消录用。

第五章 培 训

第二十三条 军队根据文职人员履行职责、改善知识结构和提高职业能力需要，对文职人员实施分类分级培训。

文职人员的培训，坚持军队院校教育、部队训练实践、军事职业教育相结合。

第二十四条 文职人员的培训，分为初任培训、晋升培训、岗位培训。

对新招录聘用的文职人员应当进行初任培训，使其具备适应岗位必备的军政素质和基本业务能力。

对拟晋升岗位职务层级的文职人员应当进行晋升培训，提高其政治能力、管理能力和专业能力。

根据岗位特点和工作需要，应当对文职人员进行岗位培训，提高其履行职责能力。

第二十五条 文职人员培训纳入军队人员培训体系统一组织实施。

军队可以利用国家和社会资源，对文职人员进行培训。中央和国家有关机关、地方有关机关应当积极支持军队开展文职人员培训工作。

第二十六条 军队根据工作需要，可以安排文职人员参加学历升级教育，选派文职人员参加有关学习培训。

第二十七条 用人单位应当对文职人员培训情况进行登记，并归入文职人员人事档案。

培训情况作为文职人员资格评定、考核、任用等的依据之一。

第六章 考 核

第二十八条 文职人员实行分类分级考核。

文职人员的考核，应当全面考核文职人员的政治品质、专业能力、担当精神、工作实绩、廉洁自律等情况。

第二十九条 文职人员的考核，分为年度考核、聘（任）期考核、专项考核。

年度考核，主要考核文职人员年度履行职责的总体情况。

聘（任）期考核，主要考核文职人员在一个聘（任）期内的总体情况。

专项考核，主要考核拟任用文职人员的总体情况，以及文职人员执行任务、参加教育培训、试用期表现等情况。

第三十条 文职人员的考核工作，由用人单位或者其上级单位按照军队有关规定组织实施。

第三十一条 文职人员的考核，应当形成考核报告、评语、鉴定或者等次等结果。其中，文职人员年度考核结果，分为优秀、称职、基本称职、不称职四个等次；聘（任）期考核和专项考核，根据需要明确考核结果等次。

考核结果作为文职人员任用、工资待遇确定、奖惩实施、续聘竞聘和辞退解聘等的主要依据。

第七章 任　　用

第三十二条 文职人员的任用，包括岗位职务任免、岗位职务层级升降，以及岗位等级和级别的确定与调整。

第三十三条 文职人员实行委任制和聘用制相结合的任用方式。对实行聘用制的文职人员，用人单位应当与其签订聘用合同。

担任领导职务的管理类文职人员实行任期制。

文职人员的任用条件、权限和办理程序，以及聘用合同管理和领导职务任期管理的具体办法，由中央军事委员会规定。

第三十四条 对不适宜或者不胜任现岗位的文职人员，用人单位应当调整其岗位，并重新确定其岗位职务层级、岗位等级和级别。

文职人员调整任职、辞职、被辞退、终止和解除聘用合同、退休、岗位编制撤销，以及受到开除处分的，原职务自行免除；因其他情形需要免职的，按照军队有关规定执行。

第三十五条 文职人员职称、职业资格和职业技能等级的取得，按照国家和军队有关规定执行。

文职人员在招录聘用前取得的职称、职业资格和职业技能等级，用人单位应当予以认可。

文职人员退出军队后，在军队工作期间取得的职称、职业资格和职业技能等级仍然有效。

第八章 交 流

第三十六条 文职人员在用人单位本专业领域岗位长期稳定工作，根据需要可以组织交流。

第三十七条 文职人员的交流分为军队内部交流和跨军地交流两种方式，以军队内部交流为主。

文职人员交流，应当具备拟任岗位资格条件，且相应岗位编制有空缺。

第三十八条 符合下列情形之一的，文职人员可以在军队内部交流：

（一）因执行任务需要充实力量的；

（二）本单位无合适人选且不宜通过招录聘用补充的；

（三）改善队伍结构需要调整任职的；

（四）任期届满需要调整任职，或者按照规定需要任职回避的；

（五）法律、法规等有关规定明确的其他情形。

第三十九条 因国家重大战略以及重大工程、重大项目、重大任务急需干部或者紧缺专业技术人才的，军队有关单位可以根据具体需求，按照干部管理权限商中央和国家有关机关、地方有关机关、国有企业和事业单位选调干部或者专业技术人才到文职人员岗位工作。

根据工作需要，中央和国家有关机关、地方有关机关、国有企业和事业单位可以按照干部管理权限，根据国家和军队有关规定，通过“一事一议”方式选调文职人员到有关单位工作。

第四十条 文职人员有下列情形之一的，除本条例第三十八条第一项规定情形外，不得交流：

（一）招录聘用后工作未满 2 年的；

（二）工作特别需要、暂无合适接替人选的；

（三）因涉嫌违纪违法正在接受纪律审查、监察调查，或者涉嫌犯罪，司法程序尚未终结的；

（四）法律、法规规定其他不得交流的情形。

第九章 教育管理

第四十一条 用人单位应当根据军队有关规定，结合文职人员身份属性和岗位职责，坚持统分结合、注重效能原则，坚持尊重激励与监督约束并重，做好文职人员的教育管理工作，营造干事创业的良好环境。

第四十二条 用人单位应当加强文职人员队伍的思想政治建设，引导文职人员投身强军兴军实践，培养政治合格、业务熟练、敢于担当、积极作为、恪尽职守、遵规守纪的职业操守，培育热爱军队、服务国防的职业认同。

第四十三条 用人单位应当加强对文职人员的安全管理和保密教育，对涉密岗位文职人员，按照国家和军队有关规定进行管理。

文职人员因公、因私出国（境）的管理，按照国家和军队有关规定执行。

第四十四条 文职人员可以按照军队有关规定，参加军地本专业领域学术组织，以及社会团体的组织及其活动。军队鼓励支持从事专业技术工作的文职人员参加国家和地方的人才工程计划、军民科技协同创新等活动。

从事专业技术工作的文职人员，在履行好岗位职责、完成本职工作的前提下，经批准可以到军队以外单位兼职。

第四十五条 军队建立文职人员宣誓制度。

文职人员应当严格遵守军队内务管理有关规定。

文职人员服装的制式及其标志服饰由中央军事委员会规定。

第四十六条 对在国防和军队建设中取得突出成绩、为国家和人民作出突出贡献的文职人员，按照国家和军队有关规定给予勋章、荣誉称号、奖励、表彰以及纪念章等。

文职人员可以按照国家和军队有关规定接受地方人民政府、群团组织和社会组织，以及国际组织和其他国家、军队给予的荣誉。

第四十七条 文职人员与用人单位发生的人事争议，按照国家和军队有关规定依法处理。

文职人员对涉及本人的考核结果、辞职辞退、处分决定等不服的，可以申请复核、提出申诉。

文职人员认为用人单位及有关人员侵犯其合法权益的，可以依法提出控告。

对文职人员的复核申请、申诉或者控告，军队有关单位应当及时受理。

第四十八条 文职人员招录聘用、考核、任用、奖惩、人事争议处理等工作，实行回避制度。

第四十九条 文职人员的人事档案，按照军队有关规定进行管理。

第五十条 军队用人单位按照国家有关规定，进行组织机构登记。

第十章 待遇保障

第五十一条 军队建立与国家机关事业单位工作人员待遇政策相衔接、体现“优才优待、优绩优奖”激励导向的文职人员待遇保障体系。

第五十二条 文职人员依法享受相应的政治待遇、工作待遇和生活待遇。

文职人员的政治待遇，按照国家和军队有关规定执行。

文职人员在军队工作期间根据所任岗位职务层级和岗位等级等，享受军队规定的办公用房、公务用车等工作待遇；免职、退出军队的，调整或者取消相应的工作待遇。

第五十三条 军队建立统一的文职人员工资制度。文职人员工资包括基本工资、津贴、补贴等。

在军队技术密集型单位，可以实行文职人员绩效工资。

第五十四条 用人单位及其文职人员应当按照国家有关规定参加社会保险，依法缴纳社会保险费。

军队根据国家有关规定，为文职人员建立补充保障。

第五十五条 文职人员享受国家和军队规定的社会化、货币化住房保障政策。

用人单位及其文职人员应当按照规定缴存、使用住房公积金，缴存的住房公积金由所在地住房公积金管理中心统一管理。

文职人员可以按照军队有关规定租住军队集体宿舍或者公寓

住房。

第五十六条 文职人员享受国家和军队规定的医疗补助和医疗保健政策。文职人员在作战和有作战背景的军事行动中承担支援保障任务，以及参加非战争军事行动期间，实行军队免费医疗。

第五十七条 文职人员的抚恤优待，按照国家和军队有关规定执行。

文职人员因在作战和有作战背景的军事行动中承担支援保障任务，参加非战争军事行动以及军级以上单位批准且列入军事训练计划的军事训练造成伤亡的，其抚恤优待参照有关军人抚恤优待的规定执行。

第五十八条 文职人员按照军队有关规定享受探亲休假、交通补助、看望慰问、困难救济和子女入托等福利待遇。

第五十九条 文职人员办理落户，以及配偶子女随迁等，按照国家和军队有关规定执行。

第六十条 对文职人员中的高层次人才和特殊专业人才，按照国家和军队有关规定给予相关优惠待遇。对符合规定条件的，军队可以实行年薪制、协议工资、项目工资等市场化薪酬制度。

军队可以为文职人员岗位重要人才购买相关保险。文职人员可以享受科技成果转化收益。

第十一章 退　　出

第六十一条 实行委任制的文职人员辞职，或者被用人单位辞退的；实行聘用制的文职人员解除、终止聘用合同，或者用人单位解除、终止聘用合同的，按照军队有关规定执行。

第六十二条 文职人员因用人单位精简整编等原因需要退出军队的，由军队有关单位会同中央和国家有关机关、地方有关机关根据不同情形按照有关政策予以妥善安排。

第六十三条 用人单位可以依法辞退文职人员或者单方面解除聘用合同。

有下列情形之一的，用人单位不得辞退文职人员或者单方面解除聘用合同：

（一）因公（工）负伤或者患职业病，经劳动能力鉴定机构鉴定为一级至六级伤残的；

（二）患病或者负伤，在规定的医疗期内的；

（三）女性文职人员在孕期、产期、哺乳期内的；

（四）法律、法规规定的其他情形。

第六十四条 文职人员可以依法辞职或者单方面解除聘用合同。

有下列情形之一的，文职人员不得辞职或者单方面解除聘用合同：

（一）未满军队规定最低工作年限的；

（二）国家发布动员令或者宣布进入战争状态时；

（三）部队受领作战任务或者遭敌突然袭击时；

（四）在作战和有作战背景的军事行动中承担支援保障任务，参加非战争军事行动以及军级以上单位批准且列入军事训练计划的军事训练期间；

（五）在涉及核心、重要军事秘密等特殊岗位任职或者离开上述岗位不满军队规定的脱密期限的；

（六）正在接受审计、纪律审查、监察调查，或者涉嫌犯罪，司法程序尚未终结的；

（七）法律、法规规定或者聘用合同约定的其他情形。

第六十五条 文职人员符合国家和军队规定退休条件的，应当退休。

文职人员退休后，享受国家和军队规定的相应待遇。各级人民政府退役军人工作主管部门牵头承担退休文职人员服务管理工作，人力资源社会保障、医保等相关部门和街道（乡镇）、社区（村）按照职责分工做好相关工作。

第六十六条 文职人员退出军队的，由军队有关单位按照任用权限审批。

第六十七条 文职人员自退出军队之日起，与用人单位的人事关系即行终止。用人单位应当按照国家和军队有关规定，及时办理文职人员人事档案、社会保险、住房公积金等关系转移的相关手续。

符合国家和军队规定的补偿情形的，用人单位应当给予文职人员经济补偿。

文职人员退出军队后，从业限制和脱密期管理按照国家和军队有关规定执行。

第十二章 法律责任

第六十八条 军队有关单位及其工作人员，在文职人员管理工作中违反本条例规定，有下列情形之一的，由其所在单位或者上级单位给予通报批评，责令限期改正；对负有责任的领导人员和直接责任人员，依法给予处分；构成犯罪的，依法追究刑事责任：

（一）不按照编制限额、资格条件、规定程序进行文职人员招录聘用的；

（二）在招录聘用等工作中发生泄露试题、违反考场纪律以及其他严重影响公开、公正行为的；

（三）不按照规定进行文职人员培训、考核、任用、交流、回避、奖惩以及办理退出的；

（四）违反规定调整文职人员工资、福利、保险待遇标准的；

（五）不按照规定受理和处理文职人员申诉、控告的；

（六）违反本条例规定的其他情形。

第六十九条 中央和国家有关机关、地方有关机关及其工作人员，在文职人员管理工作中滥用职权、玩忽职守、徇私舞弊的，对负有责任的领导人员和直接责任人员依法给予处分；构成犯罪的，依法追究刑事责任。

第七十条 文职人员违纪违法、失职失责的，按照规定给予处理；构成犯罪的，依法追究刑事责任。

文职人员违反国家和军队有关规定或者聘用合同约定，给用人单位造成损失的，依法承担赔偿责任。

第七十一条 文职人员辞职或者被辞退、解除聘用合同，且存在严重违约失信行为的，或者被军队开除的，不得再次进入军队工作。

第十三章 附　　则

第七十二条 对军队建设急需的高层次人才和特殊专业人才，可以在文职人员岗位设置、人事管理和待遇保障等方面采取特殊措施，具体办法由中央军事委员会规定。

第七十三条 国家和军队对深化国防和军队改革期间现役军人转改的文职人员另有规定的，从其规定。

第七十四条 本条例下列用语的含义：

（一）用人单位，是指与文职人员建立人事关系的军队团级以上建制单位；

（二）聘用制，是指以签订聘用合同的形式确定用人单位与文职人员基本人事关系的用人方式；

（三）委任制，是指不签订聘用合同、以直接任用的形式确定用人单位与文职人员基本人事关系的用人方式。

第七十五条 中国人民武装警察部队文职人员，适用本条例。

第七十六条 本条例自2023年1月1日起施行。

征兵工作条例

1. 1985年10月24日国务院、中央军委发布
2. 根据2001年9月5日《国务院、中央军事委员会关于修改〈征兵工作条例〉的决定》第一次修订
3. 2023年4月1日国务院、中央军事委员会令第759号第二次修订

第一章 总 则

第一条 为了规范和加强征兵工作，根据《中华人民共和国兵役法》，制定本条例。

第二条 征兵工作坚持中国共产党的领导，贯彻习近平强军思想，贯彻新时代军事战略方针，服从国防需要，聚焦备战打仗，依法、精准、高效征集高素质兵员。

第三条 征兵是保障军队兵员补充、建设巩固国防和强大军队的一项重要工作。根据国防需要征集公民服现役的工作，适用本条例。

各级人民政府和军事机关应当依法履行征兵工作职责，完成征兵任务。

公民应当依法服兵役，自觉按照本条例的规定接受征集。

第四条 全国的征兵工作，在国务院、中央军事委员会领导下，由国防部

负责，具体工作由国防部征兵办公室承办。国务院、中央军事委员会建立全国征兵工作部际联席会议制度，统筹协调全国征兵工作。

省、市、县各级征兵工作领导小组负责统筹协调本行政区域的征兵工作。县级以上地方人民政府组织兵役机关和宣传、教育、公安、人力资源社会保障、交通运输、卫生健康以及其他有关部门组成征兵办公室，负责组织实施本行政区域的征兵工作，承担本级征兵工作领导小组日常工作。有关部门在本级人民政府征兵办公室的统一组织下，按照职责分工做好征兵有关工作。

机关、团体、企业事业组织和乡、民族乡、镇的人民政府以及街道办事处，应当根据县、自治县、不设区的市、市辖区人民政府的安排和要求，办理本单位和本行政区域的征兵工作。设有人民武装部的单位，征兵工作由人民武装部办理；不设人民武装部的单位，确定一个部门办理。普通高等学校负责征兵工作的机构，应当协助兵役机关办理征兵工作有关事项。

第五条 全国每年征兵的人数、次数、时间和要求，由国务院、中央军事委员会的征兵命令规定。

县级以上地方人民政府和同级军事机关根据上级的征兵命令，科学分配征兵任务，下达本级征兵命令，部署本行政区域的征兵工作。

县级以上地方人民政府和同级军事机关建立征兵任务统筹机制，优先保证普通高等学校毕业生和对政治、身体条件或者专业技能有特别要求的兵员征集；对本行政区域内普通高等学校，可以直接分配征兵任务；对遭受严重灾害或者有其他特殊情况的地区，可以酌情调整征兵任务。

第六条 县级以上地方人民政府兵役机关应当会同有关部门加强对本行政区域内征兵工作的监督检查。

县级以上地方人民政府和同级军事机关应当将征兵工作情况作为有关单位及其负责人考核评价的内容。

第七条 军地有关部门应当将征兵信息化建设纳入国家电子政务以及军队信息化建设，实现兵役机关与宣传、发展改革、教育、公安、人力资源社会保障、卫生健康、退役军人工作以及军地其他部门间的信息共享和业务协同。

征兵工作有关部门及其工作人员应当对收集的个人信息依法予以保密，不得泄露或者向他人非法提供。

第八条 机关、团体、企业事业组织应当深入开展爱国主义、革命英雄主义、军队光荣历史和服役光荣的教育，增强公民国防观念和依法服兵役意识。

县级以上地方人民政府兵役机关应当会同宣传部门，协调组织网信、教育、文化等部门，开展征兵宣传工作，鼓励公民积极应征。

第九条 对在征兵工作中作出突出贡献的组织和个人，按照国家和军队有关规定给予表彰和奖励。

第二章 征兵准备

第十条 县级以上地方人民政府征兵办公室应当适时调整充实工作人员，开展征兵业务培训；根据需要，按照国家有关规定采取政府购买服务等方式开展征兵辅助工作。

第十一条 县、自治县、不设区的市、市辖区人民政府兵役机关应当适时发布兵役登记公告，组织机关、团体、企业事业组织和乡、民族乡、镇的人民政府以及街道办事处，对本单位和本行政区域当年12月31日以前年满18周岁的男性公民进行初次兵役登记，对参加过初次兵役登记的适龄男性公民进行信息核验更新。

公民初次兵役登记由其户籍所在地县、自治县、不设区的市、市辖区人民政府兵役机关负责，可以采取网络登记的方式进行，也可以到兵役登记站（点）现场登记。本人因身体等特殊原因不能自主完成登记的，可以委托其亲属代为登记，户籍所在地乡、民族乡、镇的人民政府以及街道办事处应当予以协助。

第十二条 县、自治县、不设区的市、市辖区人民政府兵役机关对经过初次兵役登记的男性公民，依法确定应服兵役、免服兵役或者不得服兵役，在公民兵役登记信息中注明，并出具兵役登记凭证。县、自治县、不设区的市、市辖区人民政府有关部门按照职责分工，为兵役机关核实公民兵役登记信息提供协助。

根据军队需要，可以按照规定征集女性公民服现役。

第十三条 依照法律规定应服兵役的公民，经初步审查具备下列征集条件的，为应征公民：

（一）拥护中华人民共和国宪法，拥护中国共产党领导和社会主义制度；

（二）热爱国防和军队，遵纪守法，具有良好的政治素质和道德品行；

（三）符合法律规定的征集年龄；

（四）具有履行军队岗位职责的身体条件、心理素质和文化程度等；

（五）法律规定的其他条件。

第十四条 应征公民缓征、不征集的，依照有关法律的规定执行。

第十五条 应征公民应当在户籍所在地应征；经常居住地与户籍所在地不在同一省、自治区、直辖市，符合规定条件的，可以在经常居住地应征。应征公民为普通高等学校的全日制在校生、应届毕业生的，可以在入学前户籍所在地或者学校所在地应征。

第十六条 县级以上人民政府公安、卫生健康、教育等部门按照职责分工，对应征公民的思想政治、健康状况和文化程度等信息进行初步核查。

应征公民根据乡、民族乡、镇和街道办事处人民武装部（以下统称基层人民武装部）或者普通高等学校负责征兵工作的机构的通知，在规定时限内，自行到全国范围内任一指定的医疗机构参加初步体检，初步体检结果在全国范围内互认。

第十七条 基层人民武装部和普通高等学校负责征兵工作的机构选定初步核查、初步体检合格且思想政治好、身体素质强、文化程度高的应征公民为当年预定征集的对象，并通知本人。

县、自治县、不设区的市、市辖区人民政府兵役机关和基层人民武装部、普通高等学校负责征兵工作的机构应当加强对预定征集的应征公民的管理、教育和考察，了解掌握基本情况。

预定征集的应征公民应当保持与所在地基层人民武装部或者普通高等学校负责征兵工作的机构的联系，并根据县、自治县、不设区的市、市辖区人民政府兵役机关的通知按时应征。

预定征集的应征公民所在的机关、团体、企业事业组织应当督促其按时应征，并提供便利。

第三章 体格检查

第十八条 征兵体格检查由征集地的县级以上地方人民政府征兵办公室统一组织，本级卫生健康行政部门具体负责实施，有关单位予以协助。

第十九条 县级以上地方人民政府征兵办公室会同本级卫生健康行政部门指定符合标准条件和管理要求的医院或者体检机构设立征兵体检站。本行政区域内没有符合标准条件和管理要求的医院和体检机构的，经省级人民政府征兵办公室和卫生健康行政部门批准，可以选定适合场所设立临时征兵体检站。

设立征兵体检站的具体办法，由中央军事委员会机关有关部门会同国务院有关部门制定。

第二十条 基层人民武装部应当组织预定征集的应征公民按时到征兵体检站进行体格检查。送检人数由县、自治县、不设区的市、市辖区人民政府征兵办公室根据上级赋予的征兵任务和当地预定征集的应征公民体质情况确定。

体格检查前，县级以上地方人民政府征兵办公室应当组织对体检对象的身份、户籍、文化程度、专业技能、病史等相关信息进行现场核对。

第二十一条 负责体格检查工作的医务人员，应当严格执行应征公民体格检查标准、检查办法和其他有关规定，保证体格检查工作的质量。

对兵员身体条件有特别要求的，县级以上地方人民政府征兵办公室应当安排部队接兵人员参与体格检查工作。

第二十二条 县级以上地方人民政府征兵办公室根据需要组织对体格检查合格的应征公民进行抽查；抽查发现不合格人数比例较高的，应当全部进行复查。

第四章 政治考核

第二十三条 征兵政治考核由征集地的县级以上地方人民政府征兵办公室统一组织，本级公安机关具体负责实施，有关单位予以协助。

第二十四条 征兵政治考核主要考核预定征集的应征公民政治态度、现实表现及其家庭成员等情况。

第二十五条 对预定征集的应征公民进行政治考核，有关部门应当按照征兵政治考核的规定，核实核查情况，出具考核意见，形成考核结论。

对政治条件有特别要求的，县、自治县、不设区的市、市辖区人民政府征兵办公室还应当组织走访调查；走访调查应当安排部队接兵人员参加并签署意见，未经部队接兵人员签署意见的，不得批准入伍。

第五章 审定新兵

第二十六条 县级以上地方人民政府征兵办公室应当在审定新兵前，集中组织体格检查、政治考核合格的人员进行役前教育。役前教育的时间、内容、方式以及相关保障等由省级人民政府征兵办公室规定。

第二十七条 县、自治县、不设区的市、市辖区人民政府征兵办公室应当组织召开会议集体审定新兵，对体格检查、政治考核合格的人员军事职业适应能力、文化程度、身体和心理素质等进行分类考评、综合衡量，择优确定拟批准服现役的应征公民，并合理分配入伍去向。审定新兵的具体办法由国防部征兵办公室制定。

第二十八条 烈士、因公牺牲军人、病故军人的子女、兄弟姐妹和现役军人子女，本人自愿应征并且符合条件的，应当优先批准服现役。

第二十九条 退出现役的士兵，本人自愿应征并且符合条件的，可以批准再次入伍，优先安排到原服现役单位或者同类型岗位服现役；具备任军士条件的，可以直接招收为军士。

第三十条 县、自治县、不设区的市、市辖区人民政府征兵办公室应当及时向社会公示拟批准服现役的应征公民名单，公示期不少于 5 个工作日。对被举报和反映有问题的拟批准服现役的应征公民，经调查核实不符合服现役条件或者有违反廉洁征兵有关规定情形的，取消入伍资格，出现的缺额从拟批准服现役的应征公民中依次递补。

第三十一条 公示期满，县、自治县、不设区的市、市辖区人民政府征兵办公室应当为批准服现役的应征公民办理入伍手续，开具应征公民入伍批准书，发给入伍通知书，并通知其户籍所在地的户口登记机关。新兵自批准入伍之日起，按照规定享受现役军人有关待遇保障。新兵家属享受法律法规规定的义务兵家庭优待金和其他优待保障。

县、自治县、不设区的市、市辖区人民政府征兵办公室应当为新兵建立入伍档案，将应征公民入伍批准书、应征公民政治考核表、应征公民体格检查表以及国防部征兵办公室规定的其他材料装入档案。

第三十二条 县级以上地方人民政府可以采取购买人身意外伤害保险等措施，为应征公民提供相应的权益保障。

第三十三条 已被普通高等学校录取或者正在普通高等学校就学的学生，被批准服现役的，服现役期间保留入学资格或者学籍，退出现役后两年内允许入学或者复学。

第三十四条 在征集期间，应征公民被征集服现役，同时被机关、团体、企业事业组织招录或者聘用的，应当优先履行服兵役义务；有关机关、团体、企业事业组织应当支持其应征入伍，有条件的应当允许其延后入职。

被批准服现役的应征公民，是机关、团体、企业事业组织工作人员的，由原单位发给离职当月的全部工资、奖金及各种补贴。

第六章 交接运输新兵

第三十五条 交接新兵采取兵役机关送兵、新兵自行报到以及部队派人领兵、接兵等方式进行。

依托部队设立的新兵训练机构成规模集中组织新兵训练的，由兵役机关派人送兵或者新兵自行报到；对政治、身体条件或者专业技能有特别要求的兵员，通常由部队派人接兵；其他新兵通常由部队派人领兵。

第三十六条 在征兵开始日的15日前，军级以上单位应当派出联络组，与省级人民政府征兵办公室联系，商定补兵区域划分、新兵交接方式、被装保障、新兵运输等事宜。

第三十七条 由兵役机关送兵的，应当做好下列工作：

（一）省级人民政府征兵办公室与新兵训练机构商定送兵到达地点、途中转运和交接等有关事宜，制定送兵计划，明确送兵任务；

（二）征集地的县、自治县、不设区的市、市辖区人民政府征兵办公室于新兵起运前完成新兵档案审核并密封，出发前组织新兵与送兵人员集体见面；

（三）新兵训练机构在驻地附近交通便利的车站、港口码头、机场设立接收点，负责接收新兵，并安全送达营区，于新兵到达营区 24 小时内与送兵人员办理完毕交接手续。

第三十八条 由新兵自行报到的，应当做好下列工作：

（一）县、自治县、不设区的市、市辖区人民政府征兵办公室根据上级下达的计划，与新兵训练机构商定新兵报到地点、联系办法、档案交接和人员接收等有关事宜，及时向新兵训练机构通报新兵名单、人数、到达时间等事项；

（二）县、自治县、不设区的市、市辖区人民政府征兵办公室书面告知新兵报到地点、时限、联系办法、安全要求和其他注意事项；

（三）新兵训练机构在新兵报到地点的车站、港口码头、机场设立报到处，组织接收新兵；

（四）新兵训练机构将新兵实际到达时间、人员名单及时函告征集地的县、自治县、不设区的市、市辖区人民政府征兵办公室；

（五）新兵未能按时报到的，由县、自治县、不设区的市、市辖区人民政府征兵办公室查明情况，督促其尽快报到，并及时向新兵训练机构通报情况，无正当理由不按时报到或者不报到的，按照有关规定处理。

第三十九条 由部队派人领兵的，应当做好下列工作：

（一）领兵人员于新兵起运前 7 至 10 日内到达领兵地区，对新兵档案进行审核，与新兵集体见面，及时协商解决发现的问题。县、自治县、不设区的市、市辖区人民政府征兵办公室于部队领兵人员到达后，及时将新兵档案提供给领兵人员；

（二）交接双方于新兵起运前 1 日，在县、自治县、不设区的市、市辖区人民政府征兵办公室所在地或者双方商定的交通便利的地点，一次性完成交接。

第四十条 由部队派人接兵的，应当做好下列工作：

（一）接兵人员于征兵开始日前到达接兵地区，协助县、自治县、不设区的市、市辖区人民政府征兵办公室开展工作，共同把好新兵质量关；

（二）县、自治县、不设区的市、市辖区人民政府征兵办公室向部队接兵人员介绍征兵工作情况，商定交接新兵等有关事宜；

（三）交接双方在起运前完成新兵及其档案交接。

第四十一条 兵役机关送兵和部队派人领兵、接兵的，在兵役机关与新兵训练机构、部队交接前发生的问题以兵役机关为主负责处理，交接后发生的问题以新兵训练机构或者部队为主负责处理。

新兵自行报到的，新兵到达新兵训练机构前发生的问题以兵役机关为主负责处理，到达后发生的问题以新兵训练机构为主负责处理。

第四十二条 兵役机关送兵和部队派人领兵、接兵的，交接双方应当按照征集地的县、自治县、不设区的市、市辖区人民政府征兵办公室统一编制的新兵花名册，清点人员，核对档案份数，当面点交清楚，并在新兵花名册上签名确认。交接双方在交接过程中，发现新兵人数、档案份数有问题的，应当协商解决后再办理交接手续；发现有其他问题的，先行办理交接手续，再按照有关规定处理。

新兵自行报到的，档案由征集地的县、自治县、不设区的市、市辖区人民政府征兵办公室自新兵起运后 10 日内通过机要邮寄或者派人送交新兵训练机构。

第四十三条 新兵训练机构自收到新兵档案之日起 5 日内完成档案审查；部队领兵、接兵人员于新兵起运 48 小时前完成档案审查。档案审查发现问题的，函告或者当面告知征集地的县、自治县、不设区的市、市辖区人民政府征兵办公室处理。

对新兵档案中的问题，征集地的县、自治县、不设区的市、市辖区人民政府征兵办公室自收到新兵训练机构公函之日起 25 日内处理完毕；部队领兵、接兵人员当面告知的，应当于新兵起运 24 小时前处理完毕。

第四十四条 新兵的被装，由军队被装调拨单位调拨到县、自治县、不设区的市、市辖区人民政府兵役机关指定地点，由县、自治县、不设区的市、市辖区人民政府兵役机关在新兵起运前发给新兵。

第四十五条 中央军事委员会后勤保障部门应当会同国务院交通运输主管部门组织指导有关单位制定新兵运输计划。

在征兵开始日后的 5 日内，省级人民政府征兵办公室应当根据新兵的人数和乘车、船、飞机起止地点，向联勤保障部队所属交通运输军事代表机构提出本行政区域新兵运输需求。

第四十六条 联勤保障部队应当组织军地有关单位实施新兵运输计划。军地有关单位应当加强新兵运输工作协调配合，交通运输企业应当及时调配运力，保证新兵按照运输计划安全到达新兵训练机构或者部队。

县、自治县、不设区的市、市辖区人民政府征兵办公室和部队领兵、接兵人员，应当根据新兵运输计划按时组织新兵起运；在起运前，应当对新兵进行编组，并进行安全教育和检查，防止发生事故。

交通运输军事代表机构以及沿途军用饮食供应站应当主动解决新兵运输中的有关问题。军用饮食供应站和送兵、领兵、接兵人员以及新兵应当接受交通运输军事代表机构的指导。

第四十七条 新兵起运时，有关地方人民政府应当组织欢送；新兵到达时，新兵训练机构或者部队应当组织欢迎。

第七章 检疫、复查和退回

第四十八条 新兵到达新兵训练机构或者部队后，新兵训练机构或者部队应当按照规定组织新兵检疫和复查。经检疫发现新兵患传染病的，应当及时隔离治疗，并采取必要的防疫措施；经复查发现新兵入伍前有犯罪嫌疑的，应当采取必要的控制措施。

第四十九条 经检疫和复查，发现新兵因身体原因不适宜服现役，或者政治情况不符合条件的，作退回处理。作退回处理的期限，自新兵到达新兵训练机构或者部队之日起，至有批准权的军队政治工作部门批准后向原征集地的设区的市级或者省级人民政府征兵办公室发函之日止，不超过 45 日。

因身体原因退回的，须经军队医院检查证明，由旅级以上单位政治工作部门批准，并函告原征集地的设区的市级人民政府征兵办公室。

因政治原因退回的，新兵训练机构或者部队应当事先与原征集地的省级人民政府征兵办公室联系核查，确属不符合条件的，经旅级以上单位政治工作部门核实，由军级以上单位政治工作部门批准，并函告原征集地的省级人民政府征兵办公室。

第五十条 新兵自批准入伍之日起，至到达新兵训练机构或者部队后 45 日内，受伤或者患病的，军队医疗机构给予免费治疗，其中，可以治愈、不影响服现役的，不作退回处理；难以治愈或者治愈后影响服现役的，由旅级以上单位根据军队医院出具的认定结论，函告原征集地的设区的市级人民政府征兵办公室，待病情稳定出院后作退回处理，退回时间不受限制。

第五十一条 退回人员返回原征集地后，由原征集地人民政府按照有关规定纳入社会保障体系，享受相应待遇。

需回地方接续治疗的退回人员，旅级以上单位应当根据军队医院出具的证明，为其开具接续治疗函，并按照规定给予军人保险补偿；原征集地人民政府应当根据接续治疗函，安排有关医疗机构予以优先收治；已经参加当地基本医疗保险的，医疗费用按照规定由医保基金支付；符合医疗救助条件的，按照规定实施救助。

第五十二条 新兵作退回处理的，新兵训练机构或者部队应当做好退回人员的思想工作，派人将退回人员及其档案送回原征集地的设区的市级人民政府征兵办公室；经与原征集地的设区的市级人民政府征兵办公室协商达成一致，也可以由其接回退回人员及其档案。

退回人员及其档案交接手续，应当自新兵训练机构、部队人员到达之日起 7 个工作日内，或者征兵办公室人员到达之日起 7 个工作日内办理完毕。

第五十三条 原征集地的设区的市级人民政府征兵办公室应当及时核实退回原因以及有关情况，查验退回审批手续以及相关证明材料，核对新兵档案，按照国家和军队有关规定妥善保存和处置新兵档案。

原征集地的设区的市级人民政府征兵办公室对退回人员身体复查结果有异议的，按照规定向指定的医学鉴定机构提出鉴定申请；医学鉴定机构应当在 5 个工作日内完成鉴定工作，形成最终鉴定结论。经鉴定，符合退回条件的，由原征集地的设区的市级人民政府征兵办公室接收；不符合退回条件的，继续服现役。

第五十四条 对退回的人员，原征集地的县、自治县、不设区的市、市辖区人民政府征兵办公室应当注销其应征公民入伍批准书，通知其户籍所在地的户口登记机关。

第五十五条 退回人员原是机关、团体、企业事业组织工作人员的，原单位应当按照有关规定准予复工、复职；原是已被普通高等学校录取或者正在普通高等学校就学的学生的，原学校应当按照有关规定准予入学或者复学。

第五十六条 义务兵入伍前有下列行为之一的，作退回处理，作退回处理的期限不受本条例第四十九条第一款的限制，因被征集服现役而取得的相关荣誉、待遇、抚恤优待以及其他利益，由有关部门予以取消、追缴：

（一）入伍前有犯罪行为或者记录，故意隐瞒的；

（二）入伍前患有精神类疾病、神经系统疾病、艾滋病（含病毒携带者）、恶性肿瘤等影响服现役的严重疾病，故意隐瞒的；

（三）通过提供虚假入伍材料或者采取行贿等非法手段取得入伍资格的。

按照前款规定作退回处理的，由军级以上单位政治工作部门函告原征集地的省级人民政府征兵办公室进行调查核实；情况属实的，报军级以上单位批准后，由原征集地的县、自治县、不设区的市、市辖区人民政府征兵办公室负责接收。

第八章 经费保障

第五十七条 开展征兵工作所需经费按照隶属关系分级保障。兵役征集费开支范围、管理使用办法，由中央军事委员会机关有关部门会同国务院有关部门制定。

第五十八条 新兵被装调拨到县、自治县、不设区的市、市辖区人民政府兵役机关指定地点所需的费用，由军队被装调拨单位负责保障；县、自治县、不设区的市、市辖区人民政府兵役机关下发新兵被装所需的运输费列入兵役征集费开支。

第五十九条 征集的新兵，实行兵役机关送兵或者新兵自行报到的，从县、自治县、不设区的市、市辖区新兵集中点前往新兵训练机构途中所需的车船费、伙食费、住宿费，由新兵训练机构按照规定报销；部队派人领兵、接兵的，自部队接收之日起，所需费用由部队负责保障。军队有关部门按照统一组织实施的军事运输安排产生的运费，依照有关规定结算支付。

第六十条 送兵人员同新兵一起前往新兵训练机构途中所需的差旅费，由新兵训练机构按照规定报销；送兵人员在新兵训练机构办理新兵交接期间，住宿由新兵训练机构负责保障，伙食补助费和返回的差旅费列入兵役征集费开支。

第六十一条 新兵训练机构或者部队退回不合格新兵的费用，在与有关地方人民政府征兵办公室办理退回手续之前，由新兵训练机构或者部队负责；办理退回手续之后，新兵训练机构或者部队人员返回的差旅费由其所在单位按照规定报销，其他费用由有关地方人民政府征兵办公室负责。

第六十二条 义务兵家庭优待金按照国家有关规定由中央财政和地方财政共同负担，实行城乡统一标准，由批准入伍地的县、自治县、不设区的市、市辖区人民政府按照规定发放。

县级以上人民政府征兵办公室应当向本级财政、退役军人工作主管部门提供当年批准入伍人数，用于制定义务兵家庭优待金分配方案。

第九章 战 时 征 集

第六十三条 国家发布动员令或者国务院、中央军事委员会依法采取国防动员措施后，各级人民政府和军事机关必须按照要求组织战时征集。

第六十四条 战时根据需要，国务院和中央军事委员会可以在法律规定的范围内调整征集公民服现役的条件和办法。

战时根据需要，可以重点征集退役军人，补充到原服现役单位或者同类型岗位。

第六十五条 国防部征兵办公室根据战时兵员补充需求，指导县级以上地方人民政府征兵办公室按照战时征集的条件和办法组织实施征集工作。

第六十六条 应征公民接到兵役机关的战时征集通知后，必须按期到指定地点参加应征。

机关、团体、企业事业组织和乡、民族乡、镇的人民政府以及街道办事处必须组织本单位和本行政区域战时征集对象，按照规定的时间、地点报到。

从事交通运输的单位和个人，应当优先运送战时征集对象；其他组织和个人应当为战时征集对象报到提供便利。

第十章 法律责任

第六十七条 有服兵役义务的公民拒绝、逃避兵役登记的，应征公民拒绝、逃避征集服现役的，依法给予处罚。

新兵以逃避服兵役为目的，拒绝履行职责或者逃离部队的，依法给予处分或者处罚。

第六十八条 机关、团体、企业事业组织拒绝完成征兵任务的，阻挠公民履行兵役义务的，或者有其他妨害征兵工作行为的，对单位及负有责任的人员，依法给予处罚。

第六十九条 国家工作人员、军队人员在征兵工作中，有贪污贿赂、徇私舞弊、滥用职权、玩忽职守以及其他违反征兵工作规定行为的，依法给予处分。

第七十条 违反本条例规定，构成犯罪的，依法追究刑事责任。

第七十一条 本条例第六十七条、第六十八条规定的处罚，由县级以上地方人民政府兵役机关会同有关部门查明事实，经同级地方人民政府作出处罚决定后，由县级以上地方人民政府兵役机关、发展改革、公安、卫生健康、教育、人力资源社会保障等部门按照职责分工具体执行。

第十一章 附 则

第七十二条 征集公民到中国人民武装警察部队服现役的工作，适用本条例。

第七十三条 从非军事部门招收现役军官（警官）、军士（警士）的体格检查、政治考核、办理入伍手续等工作，参照本条例有关规定执行。

第七十四条 本条例自2023年5月1日起施行。

中华人民共和国人民防空法

1. 1996年10月29日第八届全国人民代表大会常务委员会第二十二次会议通过
2. 根据2009年8月27日第十一届全国人民代表大会常务委员会第十次会议《关于修改部分法律的决定》修正

目　　录

第一章　总　　则

第一条　【立法目的】为了有效地组织人民防空,保护人民的生命和财产安全,保障社会主义现代化建设的顺利进行,制定本法。

第二条　【人民防空及其指导思想】人民防空是国防的组成部分。国家根据国防需要,动员和组织群众采取防护措施,防范和减轻空袭危害。

人民防空实行长期准备、重点建设、平战结合的方针,贯彻与经济建设协调发展、与城市建设相结合的原则。

第三条　【人民防空建设的计划】县级以上人民政府应当将人民防空建设纳入国民经济和社会发展计划。

第四条　【人民防空经费】人民防空经费由国家和社会共同负担。

中央负担的人民防空经费,列入中央预算;县级以上地方各级人民政府负担的人民防空经费,列入地方各级预算。

有关单位应当按照国家规定负担人民防空费用。

第五条 【人民防空设施建设】国家对人民防空设施建设按照有关规定给予优惠。

国家鼓励、支持企业事业组织、社会团体和个人,通过多种途径,投资进行人民防空工程建设;人民防空工程平时由投资者使用管理,收益归投资者所有。

第六条 【人民防空工作的领导】国务院、中央军事委员会领导全国的人民防空工作。

大军区根据国务院、中央军事委员会的授权领导本区域的人民防空工作。

县级以上地方各级人民政府和同级军事机关领导本行政区域的人民防空工作。

第七条 【人民防空工作的管理】国家人民防空主管部门管理全国的人民防空工作。

大军区人民防空主管部门管理本区域的人民防空工作。

县级以上地方各级人民政府人民防空主管部门管理本行政区域的人民防空工作。

中央国家机关人民防空主管部门管理中央国家机关的人民防空工作。

人民防空主管部门的设置、职责和任务,由国务院、中央军事委员会规定。

县级以上人民政府的计划、规划、建设等有关部门在各自的职责范围内负责有关的人民防空工作。

第八条 【组织、个人的权利和义务】一切组织和个人都有得到人民防空保护的权利,都必须依法履行人民防空的义务。

第九条 【人民防空设施不受侵犯】国家保护人民防空设施不受侵害。禁止任何组织或者个人破坏、侵占人民防空设施。

第十条 【奖励】县级以上人民政府和军事机关对在人民防空工作中做出显著成绩的组织或者个人,给予奖励。

第二章　防护重点

第十一条　【对城市实行分类防空】城市是人民防空的重点。国家对城市实行分类防护。

城市的防护类别、防护标准，由国务院、中央军事委员会规定。

第十二条　【防空袭方案及实施计划】城市人民政府应当制定防空袭方案及实施计划，必要时可以组织演习。

第十三条　【人民防空工程建设规划】城市人民政府应当制定人民防空工程建设规划，并纳入城市总体规划。

第十四条　【地下工程建设】城市的地下交通干线以及其他地下工程的建设，应当兼顾人民防空需要。

第十五条　【为战时储备必需物资的工程】为战时储备粮食、医药、油料和其他必需物资的工程，应当建在地下或者其他隐蔽地点。

第十六条　【重要的经济目标】对重要的经济目标，有关部门必须采取有效防护措施，并制定应急抢险抢修方案。

前款所称重要的经济目标，包括重要的工矿企业、科研基地、交通枢纽、通信枢纽、桥梁、水库、仓库、电站等。

第十七条　【监督检查】人民防空主管部门应当依照规定对城市和经济目标的人民防空建设进行监督检查。被检查单位应当如实提供情况和必要的资料。

第三章　人民防空工程

第十八条　【人民防空工程的范围】人民防空工程包括为保障战时人员与物资掩蔽、人民防空指挥、医疗救护等而单独修建的地下防护建筑，以及结合地面建筑修建的战时可用于防空的地下室。

第十九条　【人民防空工程建设的指导、规划】国家对人民防空工程建设，按照不同的防护要求，实行分类指导。

国家根据国防建设的需要，结合城市建设和经济发展水平，制定人民防空工程建设规划。

第二十条　【建设人民防空工程的指导思想】建设人民防空工程，应当在保证战时使用效能的前提下，有利于平时的经济建设、群众的生产生活和工程的开发利用。

第二十一条 **【负责组织修建的单位】**人民防空指挥工程、公用的人员掩蔽工程和疏散干道工程由人民防空主管部门负责组织修建；医疗救护、物资储备等专用工程由其他有关部门负责组织修建。

有关单位负责修建本单位的人员与物资掩蔽工程。

第二十二条 **【城市新建民用建筑】**城市新建民用建筑，按照国家有关规定修建战时可用于防空的地下室。

第二十三条 **【防护标准与质量标准】**人民防空工程建设的设计、施工、质量必须符合国家规定的防护标准和质量标准。

人民防空工程专用设备的定型、生产必须符合国家规定的标准。

第二十四条 **【保障与提供条件】**县级以上人民政府有关部门对人民防空工程所需的建设用地应当依法予以保障；对人民防空工程连接城市的道路、供电、供热、供水、排水、通信等系统的设施建设，应当提供必要的条件。

第二十五条 **【维护管理】**人民防空主管部门对人民防空工程的维护管理进行监督检查。

公用的人民防空工程的维护管理由人民防空主管部门负责。

有关单位应当按照国家规定对已经修建或者使用的人民防空工程进行维护管理，使其保持良好使用状态。

第二十六条 **【平时利用】**国家鼓励平时利用人民防空工程为经济建设和人民生活服务。平时利用人民防空工程，不得影响其防空效能。

第二十七条 **【不得进行影响使用、降低防护能力的作业】**任何组织或者个人不得进行影响人民防空工程使用或者降低人民防空工程防护能力的作业，不得向人民防空工程内排入废水、废气和倾倒废弃物，不得在人民防空工程内生产、储存爆炸、剧毒、易燃、放射性和腐蚀性物品。

第二十八条 **【拆除】**任何组织或者个人不得擅自拆除本法第二十一条规定的人民防空工程；确需拆除的，必须报经人民防空主管部门批准，并由拆除单位负责补建或者补偿。

第四章 通信和警报

第二十九条 **【保障畅通】**国家保障人民防空通信、警报的畅通，以迅速准确地传递、发放防空警报信号，有效地组织、指挥人民防空。

第三十条 【主管部门】国家人民防空主管部门负责制定全国的人民防空通信、警报建设规划，组织全国的人民防空通信、警报网的建设和管理。

县级以上地方各级人民政府人民防空主管部门负责制定本行政区域的人民防空通信、警报建设规划，组织本行政区域人民防空通信、警报网的建设和管理。

第三十一条 【保障部门】邮电部门、军队通信部门和人民防空主管部门应当按照国家规定的任务和人民防空通信、警报建设规划，对人民防空通信实施保障。

第三十二条 【保障与提供条件】人民防空主管部门建设通信、警报网所需的电路、频率，邮电部门、军队通信部门、无线电管理机构应当予以保障；安装人民防空通信、警报设施，有关单位或者个人应当提供方便条件，不得阻挠。

国家用于人民防空通信的专用频率和防空警报音响信号，任何组织或者个人不得占用、混同。

第三十三条 【战时优先】通信、广播、电视系统，战时必须优先传递、发放防空警报信号。

第三十四条 【军队有关部门的义务】军队有关部门应当向人民防空主管部门通报空中情报，协助训练有关专业人员。

第三十五条 【通信、警报设施的维护管理】人民防空通信、警报设施必须保持良好使用状态。

设置在有关单位的人民防空警报设施，由其所在单位维护管理，不得擅自拆除。

县级以上地方各级人民政府根据需要可以组织试鸣防空警报；并在试鸣的五日以前发布公告。

第三十六条 【平时为抢险救灾服务】人民防空通信、警报设施平时应当为抢险救灾服务。

第五章　疏　　散

第三十七条 【统一组织】人民防空疏散由县级以上人民政府统一组织。

人民防空疏散必须根据国家发布的命令实施，任何组织不得擅自行动。

第三十八条 【城市人民防空疏散】城市人民防空疏散计划，由县级以上人民政府根据需要组织有关部门制定。

预定的疏散地区，在本行政区域内的，由本级人民政府确定；跨越本行政区域的，由上一级人民政府确定。

第三十九条 【做好准备工作】县级以上人民政府应当组织有关部门和单位，做好城市疏散人口安置和物资储运、供应的准备工作。

第四十条 【农村人口的疏散】农村人口在有必要疏散时，由当地人民政府按照就近的原则组织实施。

第六章 群众防空组织

第四十一条 【群众防空组织】县级以上地方各级人民政府应当根据人民防空的需要，组织有关部门建立群众防空组织。

群众防空组织战时担负抢险抢修、医疗救护、防火灭火、防疫灭菌、消毒和消除沾染、保障通信联络、抢救人员和抢运物资、维护社会治安等任务，平时应当协助防汛、防震等部门担负抢险救灾任务。

第四十二条 【负责组建部门】群众防空组织由下列部门负责组建：

（一）城建、公用、电力等部门组建抢险抢修队；

（二）卫生、医药部门组建医疗救护队；

（三）公安部门组建消防队、治安队；

（四）卫生、化工、环保等部门组建防化防疫队；

（五）邮电部门组建通信队；

（六）交通运输部门组建运输队。

红十字会组织依法进行救护工作。

第四十三条 【所需装备、器材和经费的提供】群众防空组织所需装备、器材和经费由人民防空主管部门和组建单位提供。

第四十四条 【专业训练】群众防空组织应当根据人民防空主管部门制定的训练大纲和训练计划进行专业训练。

第七章　人民防空教育

第四十五条　【人民防空教育】国家开展人民防空教育，使公民增强国防观念，掌握人民防空的基本知识和技能。

第四十六条　【教育计划的制定及组织实施】国家人民防空主管部门负责组织制定人民防空教育计划，规定教育内容。

在校学生的人民防空教育，由各级教育主管部门和人民防空主管部门组织实施。

国家机关、社会团体、企业事业组织人员的人民防空教育，由所在单位组织实施；其他人员的人民防空教育，由城乡基层人民政府组织实施。

第四十七条　【协助开展人民防空教育】新闻、出版、广播、电影、电视、文化等有关部门应当协助开展人民防空教育。

第八章　法 律 责 任

第四十八条　【不修建战时防空地下室的法律责任】城市新建民用建筑，违反国家有关规定不修建战时可用于防空的地下室的，由县级以上人民政府人民防空主管部门对当事人给予警告，并责令限期修建，可以并处十万元以下的罚款。

第四十九条　【处警告、限期改正、罚款、赔偿损失的行为】有下列行为之一的，由县级以上人民政府人民防空主管部门对当事人给予警告，并责令限期改正违法行为，可以对个人并处五千元以下的罚款、对单位并处一万元至五万元的罚款；造成损失的，应当依法赔偿损失：

（一）侵占人民防空工程的；

（二）不按照国家规定的防护标准和质量标准修建人民防空工程的；

（三）违反国家有关规定，改变人民防空工程主体结构、拆除人民防空工程设备设施或者采用其他方法危害人民防空工程的安全和使用效能的；

（四）拆除人民防空工程后拒不补建的；

（五）占用人民防空通信专用频率、使用与防空警报相同的音响信号或者擅自拆除人民防空通信、警报设备设施的；

（六）阻挠安装人民防空通信、警报设施，拒不改正的；

（七）向人民防空工程内排入废水、废气或者倾倒废弃物的。

第五十条 【故意损坏人民防空设施的法律责任】违反本法规定，故意损坏人民防空设施或者在人民防空工程内生产、储存爆炸、剧毒、易燃、放射性等危险品，尚不构成犯罪的，依照治安管理处罚法的有关规定处罚；构成犯罪的，依法追究刑事责任。

第五十一条 【人民防空主管部门工作人员渎职的法律责任】人民防空主管部门的工作人员玩忽职守、滥用职权、徇私舞弊或者有其他违法、失职行为构成犯罪的，依法追究刑事责任；尚不构成犯罪的，依法给予行政处分。

第九章 附 则

第五十二条 【实施办法】省、自治区、直辖市人民代表大会常务委员会可以根据本法制定实施办法。

第五十三条 【施行日期】本法自1997年1月1日起施行。

中华人民共和国国防交通法

1. 2016年9月3日第十二届全国人民代表大会常务委员会第二十二次会议通过
2. 2016年9月3日中华人民共和国主席令第50号公布
3. 自2017年1月1日起施行

目 录

第一章　总　　则

第一条　【立法目的】为了加强国防交通建设，促进交通领域军民融合发展，保障国防活动顺利进行，制定本法。

第二条　【适用范围】以满足国防需要为目的，在铁路、道路、水路、航空、管道以及邮政等交通领域进行的规划、建设、管理和资源使用活动，适用本法。

第三条　【工作原则】国家坚持军民融合发展战略，推动军地资源优化配置、合理共享，提高国防交通平时服务、急时应急、战时应战的能力，促进经济建设和国防建设协调发展。

国防交通工作遵循统一领导、分级负责、统筹规划、平战结合的原则。

第四条　【主管机关与责任主体】国家国防交通主管机构负责规划、组织、指导和协调全国的国防交通工作。国家国防交通主管机构的设置和工作职责，由国务院、中央军事委员会规定。

县级以上地方人民政府国防交通主管机构负责本行政区域的国防交通工作。

县级以上人民政府有关部门和有关军事机关按照职责分工，负责有关的国防交通工作。

省级以上人民政府有关部门和军队有关部门建立国防交通军民融合发展会商机制，相互通报交通建设和国防需求等情况，研究解决国防交通重大问题。

第五条　【公民和组织权利、义务】公民和组织应当依法履行国防交通义务。

国家鼓励公民和组织依法参与国防交通建设，并按照有关规定给予政策和经费支持。

第六条　【经费纳入预算】国防交通经费按照事权划分的原则，列入政府预算。

企业事业单位用于开展国防交通日常工作的合理支出,列入本单位预算,计入成本。

第七条 【依法征用】县级以上人民政府根据国防需要,可以依法征用民用运载工具、交通设施、交通物资等民用交通资源,有关组织和个人应当予以配合,履行相关义务。

民用交通资源征用的组织实施和补偿,依照有关法律、行政法规执行。

第八条 【宣传教育】各级人民政府应当将国防交通教育纳入全民国防教育,通过多种形式开展国防交通宣传活动,普及国防交通知识,增强公民的国防交通观念。

各级铁路、道路、水路、航空、管道、邮政等行政管理部门(以下统称交通主管部门)和相关企业事业单位应当对本系统、本单位的人员进行国防交通教育。

设有交通相关专业的院校应当将国防交通知识纳入相关专业课程或者单独开设国防交通相关课程。

第九条 【保密义务】任何组织和个人对在国防交通工作中知悉的国家秘密和商业秘密负有保密义务。

第十条 【表彰和奖励】对在国防交通工作中作出突出贡献的组织和个人,按照国家有关规定给予表彰和奖励。

第十一条 【加强信息化建设】国家加强国防交通信息化建设,为提高国防交通保障能力提供支持。

第十二条 【行业管制、国防动员措施、临时性措施】战时和平时特殊情况下,需要在交通领域采取行业管制、为武装力量优先提供交通保障等国防动员措施的,依照《中华人民共和国国防法》、《中华人民共和国国防动员法》等有关法律执行。

武装力量组织进行军事演习、训练,需要对交通采取临时性管制措施的,按照国务院、中央军事委员会的有关规定执行。

第十三条 【国防交通联合指挥机构】战时和平时特殊情况下,国家根据需要,设立国防交通联合指挥机构,统筹全国或者局部地区的交通运输资源,统一组织指挥全国或者局部地区的交通运输以及交通设施设备的抢修、抢建与防护。相关组织和个人应当服从统一指挥。

第二章 国防交通规划

第十四条 【国防交通规划的范围和编制要求】国防交通规划包括国防交通工程设施建设规划、国防交通专业保障队伍建设规划、国防交通物资储备规划、国防交通科研规划等。

编制国防交通规划应当符合下列要求：

（一）满足国防需要，有利于平战快速转换，保障国防活动顺利进行；

（二）兼顾经济社会发展需要，突出重点，注重效益，促进资源融合共享；

（三）符合城乡规划和土地利用总体规划，与国家综合交通运输体系发展规划相协调；

（四）有利于加强边防、海防交通基础设施建设，扶持沿边、沿海经济欠发达地区交通运输发展；

（五）保护环境，节约土地、能源等资源。

第十五条 【纳入国民经济和社会发展规划】县级以上人民政府应当将国防交通建设纳入国民经济和社会发展规划。

国务院及其有关部门和省、自治区、直辖市人民政府制定交通行业以及相关领域的发展战略、产业政策和规划交通网络布局，应当兼顾国防需要，提高国家综合交通运输体系保障国防活动的能力。

国务院有关部门应当将有关国防要求纳入交通设施、设备的技术标准和规范。有关国防要求由国家国防交通主管机构征求军队有关部门意见后汇总提出。

第十六条 【国防交通工程设施建设规划编制主体】国防交通工程设施建设规划，由县级以上人民政府国防交通主管机构会同本级人民政府交通主管部门编制，经本级人民政府发展改革部门审核后，报本级人民政府批准。

下级国防交通工程设施建设规划应当依据上一级国防交通工程设施建设规划编制。

编制国防交通工程设施建设规划，应当征求有关军事机关和本级人民政府有关部门的意见。县级以上人民政府有关部门编制综合交通运输体系发展规划和交通工程设施建设规划，应当征求本级人民政府国防交通主管机构的意见，并纳入国防交通工程设施建设的相关内容。

第十七条 **【国防交通专业保障队伍建设规划编制主体】**国防交通专业保障队伍建设规划，由国家国防交通主管机构会同国务院有关部门和军队有关部门编制。

第十八条 **【国防交通物资储备规划编制主体】**国防交通物资储备规划，由国防交通主管机构会同军地有关部门编制。

中央储备的国防交通物资，由国家国防交通主管机构会同国务院交通主管部门和军队有关部门编制储备规划。

地方储备的国防交通物资，由省、自治区、直辖市人民政府国防交通主管机构会同本级人民政府有关部门和有关军事机关编制储备规划。

第十九条 **【国防交通科研规划编制主体】**国防交通科研规划，由国家国防交通主管机构会同国务院有关部门和军队有关部门编制。

第三章　交通工程设施

第二十条 **【交通工程设施建设准则】**建设国防交通工程设施，应当以国防交通工程设施建设规划为依据，保障战时和平时特殊情况下国防交通畅通。

建设其他交通工程设施，应当依法贯彻国防要求，在建设中采用增强其国防功能的工程技术措施，提高国防交通保障能力。

第二十一条 **【国防交通工程设施设计、施工、竣工验收】**国防交通工程设施应当按照基本建设程序、相关技术标准和规范以及国防要求进行设计、施工和竣工验收。相关人民政府国防交通主管机构组织军队有关部门参与项目的设计审定、竣工验收等工作。

交通工程设施建设中为增加国防功能修建的项目应当与主体工程同步设计、同步建设、同步验收。

第二十二条 **【为经济生活提供便利】**国防交通工程设施在满足国防活动需要的前提下，应当为经济社会活动提供便利。

第二十三条 **【国防交通工程设施管理主体】**国防交通工程设施管理单

位负责国防交通工程设施的维护和管理，保持其国防功能。

国防交通工程设施需要改变用途或者作报废处理的，由国防交通工程设施管理单位逐级上报国家国防交通主管机构或者其授权的国防交通主管机构批准。

县级以上人民政府应当加强对国防交通工程设施维护管理工作的监督检查。

第二十四条 【不得影响正常使用，危及设施安全】任何组织和个人进行生产和其他活动，不得影响国防交通工程设施的正常使用，不得危及国防交通工程设施的安全。

第二十五条 【国防交通主管机关了解情况】县级以上人民政府国防交通主管机构负责向本级人民政府交通主管部门以及相关企业事业单位了解交通工程设施建设项目的立项、设计、施工等情况；有关人民政府交通主管部门以及相关企业事业单位应当予以配合。

第二十六条 【国防交通主管机构及时向军事机关通报情况】县级以上人民政府国防交通主管机构应当及时向有关军事机关通报交通工程设施建设情况，并征求其贯彻国防要求的意见，汇总后提出需要贯彻国防要求的具体项目。

第二十七条 【贯彻国防要求的交通工程设施建设项目由各部门协商确定，费用由国家承担】对需要贯彻国防要求的交通工程设施建设项目，由有关人民政府国防交通主管机构会同本级人民政府发展改革部门、财政部门、交通主管部门和有关军事机关，与建设单位协商确定贯彻国防要求的具体事宜。

交通工程设施新建、改建、扩建项目因贯彻国防要求增加的费用由国家承担。有关部门应当对项目的实施予以支持和保障。

第二十八条 【各级人民政府对国防交通建设项目给予政策支持】各级人民政府对国防交通工程设施建设项目和贯彻国防要求的交通工程设施建设项目，在土地使用、城乡规划、财政、税费等方面，按照国家有关规定给予政策支持。

第四章 民用运载工具

第二十九条 【国家国防交通主管机构确定类别和范围】国家国防交通

主管机构应当根据国防需要，会同国务院有关部门和军队有关部门，确定需要贯彻国防要求的民用运载工具的类别和范围，及时向社会公布。

国家鼓励公民和组织建造、购置、经营前款规定的类别和范围内的民用运载工具及其相关设备。

第三十条 【人民政府国防交通主管机构应当向登记管理部门和建造、购置人了解情况】县级以上人民政府国防交通主管机构应当向民用运载工具登记管理部门和建造、购置人了解需要贯彻国防要求的民用运载工具的建造、购置、使用等情况，有关公民和组织应当予以配合。

第三十一条 【人民政府国防交通主管机构提出贯彻国防要求具体项目】县级以上人民政府国防交通主管机构应当及时将掌握的民用运载工具基本情况通报有关军事机关，并征求其贯彻国防要求的意见，汇总后提出需要贯彻国防要求的民用运载工具的具体项目。

第三十二条 【各部门协商具体项目，并签订相关协议】对需要贯彻国防要求的民用运载工具的具体项目，由县级以上人民政府国防交通主管机构会同本级人民政府财政部门、交通主管部门和有关军事机关，与有关公民和组织协商确定贯彻国防要求的具体事宜，并签订相关协议。

第三十三条 【费用由国家承担，有关部门给予支持】民用运载工具因贯彻国防要求增加的费用由国家承担。有关部门应当对民用运载工具贯彻国防要求的实施予以支持和保障。

各级人民政府对贯彻国防要求的民用运载工具在服务采购、运营范围等方面，按照有关规定给予政策支持。

第三十四条 【所有权人、承租人、经营人负责维护和管理】贯彻国防要求的民用运载工具所有权人、承租人、经营人负责民用运载工具的维护和管理，保障其使用效能。

第五章 国 防 运 输

第三十五条 【国防运输基本原则】县级以上人民政府交通主管部门会同军队有关交通运输部门按照统一计划、集中指挥、迅速准确、安全保密的原则，组织国防运输。

承担国防运输任务的公民和组织应当优先安排国防运输任务。

第三十六条 【组织建设支援力量】国家以大中型运输企业为主要依托，

组织建设战略投送支援力量，增强战略投送能力，为快速组织远距离、大规模国防运输提供有效支持。

承担战略投送支援任务的企业负责编组人员和装备，根据有关规定制定实施预案，进行必要的训练、演练，提高执行战略投送任务的能力。

第三十七条 【人民政府和军事机关加强保障设施建设，相关单位提供必要保障】各级人民政府和军事机关应当加强国防运输供应、装卸等保障设施建设。

县级以上地方人民政府和相关企业事业单位，应当根据国防运输的需要提供饮食饮水供应、装卸作业、医疗救护、通行与休整、安全警卫等方面的必要的服务或者保障。

第三十八条 【国家驻外机构和我国企业及境外机构应提供协助】国家驻外机构和我国从事国际运输业务的企业及其境外机构，应当为我国实施国际救援、海上护航和维护国家海外利益的军事行动的船舶、飞机、车辆和人员的补给、休整提供协助。

国家有关部门应当对前款规定的机构和企业为海外军事行动提供协助所需的人员和运输工具、货物等的出境入境提供相关便利。

第三十九条 【公民和组织完成任务的费用由使用单位支付】公民和组织完成国防运输任务所发生的费用，由使用单位按照不低于市场价格的原则支付。具体办法由国务院财政部门、交通主管部门和中央军事委员会后勤保障部规定。

第四十条 【军队可以在相关企业、地区派驻军事代表】军队根据需要，可以在相关交通企业或者交通企业较为集中的地区派驻军事代表，会同有关单位共同完成国防运输和交通保障任务。

军事代表驻在单位和驻在地人民政府有关部门，应当为军事代表开展工作提供便利。

军事代表的派驻和工作职责，按照国务院、中央军事委员会的有关规定执行。

第六章 国防交通保障

第四十一条 【国防交通主管机构组织人民政府和军事机关制定保障措

施】各级国防交通主管机构组织人民政府有关部门和有关军事机关制定国防交通保障方案，明确重点交通目标、线路以及保障原则、任务、技术措施和组织措施。

第四十二条 **【国务院有关部门和人民政府组织企事业单位抢修】**国务院有关部门和县级以上地方人民政府按照职责分工，组织有关企业事业单位实施交通工程设施抢修、抢建和运载工具抢修，保障国防活动顺利进行。有关军事机关应当给予支持和协助。

第四十三条 **【管理单位和保障单位应当编制保障预案】**国防交通保障方案确定的重点交通目标的管理单位和预定承担保障任务的单位，应当根据有关规定编制重点交通目标保障预案，并做好相关准备。

第四十四条 **【管理单位和保障单位应做好应急措施】**重点交通目标的管理单位和预定承担保障任务的单位，在重点交通目标受到破坏威胁时，应当立即启动保障预案，做好相应准备；在重点交通目标遭受破坏时，应当按照任务分工，迅速组织实施工程加固和抢修、抢建，尽快恢复交通。

与国防运输有关的其他交通工程设施遭到破坏的，其管理单位应当及时按照管理关系向上级报告，同时组织修复。

第四十五条 **【国防交通主管机构会同有关部门确定控制范围土地】**县级以上人民政府国防交通主管机构会同本级人民政府国土资源、城乡规划等主管部门确定预定抢建重要国防交通工程设施的土地，作为国防交通控制范围，纳入土地利用总体规划和城乡规划。

未经县级以上人民政府国土资源主管部门、城乡规划主管部门和国防交通主管机构批准，任何组织和个人不得占用作为国防交通控制范围的土地。

第四十六条 **【重点目标的对空、对海防御，地面防卫，工程技术防护及其他交通设施防护】**重点交通目标的对空、对海防御，由军队有关部门纳入对空、对海防御计划，统一组织实施。

重点交通目标的地面防卫，由其所在地县级以上人民政府和有关军事机关共同组织实施。

重点交通目标的工程技术防护，由其所在地县级以上人民政府交通主管部门会同本级人民政府国防交通主管机构、人民防空主管部门，组织指导其管理单位和保障单位实施。

重点交通目标以外的其他交通设施的防护，由其所在地县级以上人民政府按照有关规定执行。

第四十七条 【特殊需要应按权限和程序采取措施】因重大军事行动和国防科研生产试验以及与国防相关的保密物资、危险品运输等特殊需要，县级以上人民政府有关部门应当按照规定的权限和程序，在相关地区的陆域、水域、空域采取必要的交通管理措施和安全防护措施。有关军事机关应当给予协助。

第四十八条 【交通主管部门组织企事业单位开展训练、演练】县级以上人民政府交通主管部门和有关军事机关、国防交通主管机构应当根据需要，组织相关企业事业单位开展国防交通专业保障队伍的训练、演练。

国防交通专业保障队伍由企业事业单位按照有关规定组建。

参加训练、演练的国防交通专业保障队伍人员的生活福利待遇，参照民兵参加军事训练的有关规定执行。

第四十九条 【国防交通专业保障队伍执行任务，由人民政府统一调配】国防交通专业保障队伍执行国防交通工程设施抢修、抢建、防护和民用运载工具抢修以及人员物资抢运等任务，由县级以上人民政府国防交通主管机构会同本级人民政府交通主管部门统一调配。

国防交通专业保障队伍的车辆、船舶和其他机动设备，执行任务时按照国家国防交通主管机构的规定设置统一标志，可以优先通行。

第五十条 【人民政府对承担任务的企业和个人给予政策支持】各级人民政府对承担国防交通保障任务的企业和个人，按照有关规定给予政策支持。

第七章 国防交通物资储备

第五十一条 【国家建立国防交通物资储备制度】国家建立国防交通物资储备制度，保证战时和平时特殊情况下国防交通顺畅的需要。

国防交通物资储备应当布局合理、规模适度，储备的物资应当符合国家规定的质量标准。

国防交通储备物资的品种由国家国防交通主管机构会同国务院有

关部门和军队有关部门规定。

第五十二条 【国防交通储备物资存储管理制度的建立健全】国务院交通主管部门和省、自治区、直辖市人民政府国防交通主管机构，应当按照有关规定确定国防交通储备物资储存管理单位，监督检查国防交通储备物资管理工作。

国防交通储备物资储存管理单位应当建立健全管理制度，按照国家有关规定和标准对储备物资进行保管、维护和更新，保证储备物资的使用效能和安全，不得挪用、损坏和丢失储备物资。

第五十三条 【特殊情况下的物资调用】战时和平时特殊情况下执行交通防护和抢修、抢建任务，或者组织重大军事演习，抢险救灾以及国防交通专业保障队伍训练、演练等需要的，可以调用国防交通储备物资。

调用中央储备的国防交通物资，由国家国防交通主管机构批准；调用地方储备的国防交通物资，由省、自治区、直辖市人民政府国防交通主管机构批准。

国防交通储备物资储存管理单位，应当严格执行储备物资调用指令，不得拒绝或者拖延。

未经批准，任何组织和个人不得动用国防交通储备物资。

第五十四条 【国防交通储备物资的改用用途或报废处理】国防交通储备物资因产品技术升级、更新换代或者主要技术性能低于使用维护要求，丧失储备价值的，可以改变用途或者作报废处理。

中央储备的国防交通物资需要改变用途或者作报废处理的，由国家国防交通主管机构组织技术鉴定并审核后，报国务院财政部门审批。

地方储备的国防交通物资需要改变用途或者作报废处理的，由省、自治区、直辖市人民政府国防交通主管机构组织技术鉴定并审核后，报本级人民政府财政部门审批。

中央和地方储备的国防交通物资改变用途或者报废获得的收益，应当上缴本级国库，纳入财政预算管理。

第八章 法 律 责 任

第五十五条 【违反本法规定的法律责任】违反本法规定，有下列行为之一的，由县级以上人民政府交通主管部门或者国防交通主管机构责令限期改正，对负有直接责任的主管人员和其他直接责任人员依法给予处分；有违法所得的，予以没收，并处违法所得一倍以上五倍以下罚款：

（一）擅自改变国防交通工程设施用途或者作报废处理的；

（二）拒绝或者故意拖延执行国防运输任务的；

（三）拒绝或者故意拖延执行重点交通目标抢修、抢建任务的；

（四）拒绝或者故意拖延执行国防交通储备物资调用命令的；

（五）擅自改变国防交通储备物资用途或者作报废处理的；

（六）擅自动用国防交通储备物资的；

（七）未按照规定保管、维护国防交通储备物资，造成损坏、丢失的。

上述违法行为造成财产损失的，依法承担赔偿责任。

第五十六条　【相关部门工作人员违法的法律责任】国防交通主管机构、有关军事机关以及交通主管部门和其他相关部门的工作人员违反本法规定，有下列情形之一的，对负有直接责任的主管人员和其他直接责任人员依法给予处分：

（一）滥用职权或者玩忽职守，给国防交通工作造成严重损失的；

（二）贪污、挪用国防交通经费、物资的；

（三）泄露在国防交通工作中知悉的国家秘密和商业秘密的；

（四）在国防交通工作中侵害公民或者组织合法权益的。

第五十七条　【治安管理处罚与刑事追责】违反本法规定，构成违反治安管理行为的，依法给予治安管理处罚；构成犯罪的，依法追究刑事责任。

第九章　附　　则

第五十八条　【术语含义】本法所称国防交通工程设施，是指国家为国防目的修建的交通基础设施以及国防交通专用的指挥、检修、装卸、仓储等工程设施。

本法所称国防运输，是指政府和军队为国防目的运用军民交通运输资源，运送人员、装备、物资的活动。军队运用自身资源进行的运输活动，按照中央军事委员会有关规定执行。

第五十九条　【适用范围】与国防交通密切相关的信息设施、设备和专业保障队伍的建设、管理、使用活动，适用本法。

国家对信息动员另有规定的,从其规定。

第六十条 【**施行日期**】本法自2017年1月1日起施行。

国防交通条例

1. 1995年2月24日国务院、中央军事委员会令第173号发布
2. 根据2011年1月8日国务院令第588号《关于废止和修改部分行政法规的决定》修订

第一章 总 则

第一条 为了加强国防交通建设,保障战时和特殊情况下国防交通顺畅,制定本条例。

第二条 在中华人民共和国领域内从事国防交通活动,必须遵守本条例。

本条例所称国防交通,是指为国防建设服务的铁路、道路、水路、航空、管道、邮电通信等交通体系。

第三条 国防交通工作实行统一领导、分级负责、全面规划、平战结合的原则。

第四条 各级人民政府、军事机关应当重视国防交通建设,为国防交通工作提供必要条件。

县级以上人民政府交通管理部门和有关交通企业事业单位,应当做好国防交通工作。

第五条 对在国防交通建设中做出重大贡献的单位和个人,各级人民政府、交通管理部门和军事机关应当给予奖励。

第二章 管理机构及其职责

第六条 国家国防交通主管机构在国务院、中央军事委员会领导下,负责全国国防交通工作,履行下列职责:

(一)拟订国防交通工作的方针、政策,草拟有关法律、行政法规;

(二)规划全国国防交通网络布局,对国家交通建设提出有关国防

要求的建议；

（三）拟订全国国防交通保障计划，为重大军事行动和其他紧急任务组织交通保障；

（四）组织全国国防交通科学技术研究；

（五）指导检查国防交通工作，协调有关方面的关系；

（六）国务院、中央军事委员会赋予的其他职责。

第七条 军区国防交通主管机构和县级以上地方国防交通主管机构负责本地区国防交通工作，履行下列职责：

（一）贯彻执行国家国防交通工作的方针、政策和法律、法规、规章，拟订本地区有关国防交通工作的规定；

（二）规划本地区国防交通网络布局，对本地区交通建设提出有关国防要求的建议，参加有关交通工程设施的勘察、设计鉴（审）定和竣工验收；

（三）拟订本地区国防交通保障计划，组织国防交通保障队伍，为本地区内的军事行动和其他紧急任务组织交通保障；

（四）负责本地区的国防运力动员和运力征用；

（五）按照国家有关规定，制定和实施本地区的国防交通物资储备计划，调用国防交通物资；

（六）组织本地区国防交通科学技术研究及其成果的推广、应用；

（七）指导、检查、监督本地区国防交通工作，协调处理有关问题；

（八）上级国防交通主管机构和本级人民政府赋予的其他职责。

第八条 国务院交通管理部门分别负责本系统的国防交通工作，履行下列职责：

（一）贯彻执行国家国防交通工作的方针、政策和法律、法规、规章；

（二）制定并组织落实本系统的国防交通建设规划和技术规范；

（三）制定本系统的国防交通保障计划，指导国防交通专业保障队伍建设；

（四）按照国家有关规定，管理和使用本系统的国防交通资产；

（五）组织本系统国防交通科学技术研究及其成果的推广、应用；

（六）指导、检查、监督本系统的国防交通工作，协调处理有关问题。

第九条 承担国防交通任务的交通企业事业单位，在国防交通工作中履行下列职责：

（一）贯彻执行国家国防交通工作的方针、政策和法律、法规、规章；

（二）参加有关国防交通工程设施的勘察、设计鉴（审）定和竣工验收；

（三）制定本单位国防交通保障计划，完成国防交通保障任务；

（四）按照国家有关规定，管理和使用本单位的国防交通资产；

（五）负责本单位的国防交通专业保障队伍的组织、训练和管理工作。

第十条 在特殊情况下，省级国防交通主管机构可以提请有关省、自治区、直辖市人民政府决定，由公安机关、港务监督机构分别在自己的职责范围内对局部地区的道路、水路实行交通管制。

第三章 保障计划

第十一条 本条例所称国防交通保障计划（以下简称保障计划），是指保障战时和特殊情况下国防交通顺畅的预定方案，主要包括：国防交通保障的方针、任务，各项国防交通保障工作的技术措施和组织措施。

保障计划分为：全国保障计划、军区保障计划、地区保障计划和专业保障计划。

第十二条 全国保障计划由国家国防交通主管机构组织国务院有关部门和有关军事机关拟订，报国务院、中央军事委员会批准。

第十三条 军区保障计划由军区国防交通主管机构组织本地区省、自治区、直辖市人民政府有关部门和有关军事机关拟订，征求国家国防交通主管机构的意见后，报军区批准。

第十四条 地区保障计划由县级以上地方国防交通主管机构组织本级人民政府有关部门和有关军事机关拟订，征求上一级国防交通主管机构意见后，报本级人民政府批准。

第十五条 专业保障计划由国务院交通管理部门在各自的职责范围内分别制定，征求国务院其他有关部门意见后，报国家国防交通主管机构同意。

第四章 工程设施

第十六条 本条例所称国防交通工程设施，是指为保障战时和特殊情况下国防交通顺畅而建造的下列建筑和设备：

（一）国家修建的主要为国防建设服务的交通基础设施；

（二）专用的指挥、检修、仓储、防护等工程与设施；

（三）专用的车辆、船舶、航空器；

（四）国防需要的其他交通工程设施。

第十七条 建设国防交通工程设施，应当兼顾经济建设的需要。

建设其他交通工程设施或者研制重要交通工具，应当兼顾国防建设的需要。

第十八条 国防交通主管机构拟订的国防交通建设规划，应当送本级人民政府计划部门和交通管理部门综合平衡。

县级以上人民政府计划部门和交通管理部门在制定交通建设规划时，应当征求本级国防交通主管机构的意见，并将已经确定的国防交通工程设施建设项目和需要贯彻国防要求的建设项目，列入交通建设规划。

第十九条 交通建设规划中有关贯彻国防要求的建设项目，必须按照国防要求进行建设。

第二十条 国防交通工程设施建设项目和有关贯彻国防要求的建设项目，其设计鉴（审）定、竣工验收应当经有关的国防交通主管机构同意。

第二十一条 国防交通工程设施的管理单位，必须加强对国防交通工程设施的维护管理。

改变国防交通工程设施的用途或者将其作报废处理的，必须经管理单位的上一级国防交通主管机构批准。

第二十二条 国家对国防交通工程设施的建设实行优惠政策。具体办法由国家国防交通主管机构会同国务院有关部门制定。

第二十三条 土地管理部门和城市规划主管部门，应当将经批准的预定抢建重要国防交通工程设施的土地作为国防交通控制用地，纳入土地利用总体规划和城市规划。

未经土地管理部门、城市规划主管部门和国防交通主管机构批准，任何单位或者个人不得占用国防交通控制用地。

第二十四条 任何单位或者个人进行生产和其他活动,不得影响国防交通工程设施的正常使用,不得危及国防交通工程设施的安全。

第五章 保 障 队 伍

第二十五条 本条例所称国防交通保障队伍,是指战时和特殊情况下执行抢修、抢建、防护国防交通工程设施、抢运国防交通物资和通信保障任务的组织。

国防交通保障队伍,分为专业保障队伍和交通沿线保障队伍。

第二十六条 专业保障队伍,由交通管理部门以本系统交通企业生产单位为基础进行组建;执行交通保障任务时,由国防交通主管机构统一调配。

交通沿线保障队伍,由当地人民政府和有关军事机关负责组织。

第二十七条 交通管理部门负责专业保障队伍的训练,战时应当保持专业保障队伍人员稳定。

有关军事机关负责组织交通沿线保障队伍的专业训练;国防交通主管机构负责提供教材、器材和业务指导。

第二十八条 县级以上人民政府及有关部门,对专业保障队伍应当给予必要的扶持。

第二十九条 交通保障队伍的车辆、船舶和其他机动设备,应当按照国家国防交通主管机构的规定,设置统一标志;在战时和特殊情况下可以优先通行。

第六章 运力动员和运力征用

第三十条 本条例所称运力动员,是指战时国家发布动员令,对任何单位和个人所拥有的运载工具、设备以及操作人员,进行统一组织和调用的活动。

本条例所称运力征用,是指在特殊情况下,省、自治区、直辖市人民政府依法采取行政措施,调用单位和个人所拥有的运载工具、设备以及操作人员的活动。

第三十一条 县级以上人民政府交通管理部门和其他有关部门应当向国防交通主管机构提供运力注册登记的有关资料。

第三十二条 战时军队需要使用动员的运力的,应当向所在地的军区国防交通主管机构提出申请。武装警察部队、民兵组织和其他单位需要使用动员的运力的，应当向当地国防交通主管机构提出申请。

第三十三条 动员国务院交通管理部门所属的运力，应当经国务院、中央军事委员会批准。动员地方交通管理部门所属的运力或者社会运力，应当经省、自治区、直辖市人民政府批准。

第三十四条 在特殊情况下，军队或者其他单位需要使用征用的运力的，应当向当地国防交通主管机构提出申请，由省、自治区、直辖市人民政府批准。

第三十五条 被动员或者被征用运力的单位和个人必须依法履行义务，保证被动员或者被征用的运载工具和设备的技术状况良好，并保证随同的操作人员具有相应的技能。

第三十六条 需要对动员或者征用的运载工具、设备作重大改造的，必须经相应的国防交通主管机构批准。

第三十七条 对被动员和被征用运力的操作人员的抚恤优待，按照国家有关规定执行；运载工具、设备的补偿办法另行规定。

第七章 军事运输

第三十八条 交通管理部门和交通企业应当优先安排军事运输计划，重点保障紧急、重要的军事运输。运输军事人员、装备及其他军用物资，应当迅速准确、安全保密。

第三十九条 地方各级人民政府和有条件的承运单位，应当为实施军事运输的人员提供饮食、住宿和医疗方便。

第四十条 军队可以在铁路、水路、航空等交通运输单位或其所在地区派驻军事代表，会同有关单位共同完成军事运输和交通保障任务。

第八章 物资储备

第四十一条 国家建立国防交通物资储备制度，保证战时和特殊情况下国防交通顺畅的需要。

第四十二条 国防交通物资储备分为国家储备、部门储备和地方储备，分别列入县级以上各级人民政府和有关部门的物资储备计划。

第四十三条 负责储备国防交通物资的单位，必须对所储备的物资加强维护和管理，不得损坏、丢失。

第四十四条 未经国防交通主管机构批准，任何单位或者个人不得动用储备的国防交通物资。

经批准使用储备的国防交通物资，应当按照规定支付费用。

第四十五条 由地方人民政府或者交通管理部门管理的用作战费、支前费、军费购置的交通保障物资，应当列入国防交通物资储备。

第九章 教育与科研

第四十六条 交通管理部门和交通企业事业单位，应当对本系统、本单位的人员进行国防交通教育。

交通运输院校和邮电通信院校，应当在相关课程中设置国防交通的内容。

第四十七条 交通管理部门和有关的科研机构，应当加强国防交通科学技术研究。国防交通科学技术研究项目，应当纳入各级科学技术研究规划。

第十章 罚 则

第四十八条 违反本条例有关规定，有下列行为之一的，对负有直接责任的主管人员和其他直接责任人员依法给予行政处分；构成犯罪的，依法追究刑事责任：

（一）应当贯彻国防要求的交通工程设施，在施工过程中没有贯彻国防要求的；

（二）对国防交通工程设施管理不善，造成损失的，或者擅自改变国防交通工程设施的用途或者擅自作报废处理的；

（三）对储备的国防交通物资管理不善，造成损失的；

（四）未经批准动用储备的国防交通物资的。

第四十九条 危及国防交通工程设施安全或者侵占国防交通控制用地的，由国防交通主管机构责令停止违法行为，给予警告，可以并处5万元以下的罚款；造成经济损失的，应当依法赔偿。

第五十条 逃避或者抗拒运力动员或者运力征用的，由国防交通主管机构给予警告，可以并处相当于被动员或者被征用的运载工具、设备价值

2倍以下的罚款。

第五十一条 有下列行为之一的,依照《中华人民共和国治安管理处罚法》的有关规定给予处罚;构成犯罪的,依法追究刑事责任:

(一)扰乱、妨碍军事运输和国防交通保障的;

(二)扰乱、妨碍国防交通工程设施建设的;

(三)破坏国防交通工程设施的;

(四)盗窃、哄抢国防交通物资的。

第五十二条 国防交通主管机构的工作人员,滥用职权、玩忽职守的,依法给予行政处分;构成犯罪的,依法追究刑事责任。

第十一章 附 则

第五十三条 本条例下列用语的含义:

(一)特殊情况,是指局部战争、武装冲突和其他突发事件;

(二)交通管理部门,是指主管铁路、道路、水路、航空和邮电通信的行业管理部门。

第五十四条 国防交通经费由中央、地方、部门、企业共同承担。具体办法由国家国防交通主管机构会同国务院有关部门制定。

第五十五条 本条例自发布之日起施行。

中华人民共和国军事设施保护法

1. 1990年2月23日第七届全国人民代表大会常务委员会第十二次会议通过
2. 根据2009年8月27日第十一届全国人民代表大会常务委员会第十次会议《关于修改部分法律的决定》第一次修正
3. 根据2014年6月27日第十二届全国人民代表大会常务委员会第九次会议《关于修改〈中华人民共和国军事设施保护法〉的决定》第二次修正
4. 2021年6月10日第十三届全国人民代表大会常务委员会第二十九次会议修订

目 录

第一章 总 则

第一条 【立法目的】为了保护军事设施的安全，保障军事设施的使用效能和军事活动的正常进行，加强国防现代化建设，巩固国防，抵御侵略，根据宪法，制定本法。

第二条 【军事设施】本法所称军事设施，是指国家直接用于军事目的的下列建筑、场地和设备：

（一）指挥机关，地上和地下的指挥工程、作战工程；

（二）军用机场、港口、码头；

（三）营区、训练场、试验场；

（四）军用洞库、仓库；

（五）军用信息基础设施，军用侦察、导航、观测台站，军用测量、导航、助航标志；

（六）军用公路、铁路专用线，军用输电线路，军用输油、输水、输气管道；

（七）边防、海防管控设施；

（八）国务院和中央军事委员会规定的其他军事设施。

前款规定的军事设施，包括军队为执行任务必需设置的临时设施。

第三条 【军事设施保护工作】军事设施保护工作坚持中国共产党的领导。各级人民政府和军事机关应当共同保护军事设施，维护国防利益。

国务院、中央军事委员会按照职责分工，管理全国的军事设施保护工作。地方各级人民政府会同有关军事机关，管理本行政区域内的军事设施保护工作。

有关军事机关应当按照规定的权限和程序，提出需要地方人民政府落实的军事设施保护需求，地方人民政府应当会同有关军事机关制定具体保护措施并予以落实。

设有军事设施的地方，有关军事机关和县级以上地方人民政府应当建立军地军事设施保护协调机制，相互配合，监督、检查军事设施的保护工作，协调解决军事设施保护工作中的问题。

第四条 【**保护义务**】中华人民共和国的组织和公民都有保护军事设施的义务。

禁止任何组织或者个人破坏、危害军事设施。

任何组织或者个人对破坏、危害军事设施的行为，都有权检举、控告。

第五条 【**统筹兼顾**】国家统筹兼顾经济建设、社会发展和军事设施保护，促进经济社会发展和军事设施保护相协调。

第六条 【**分类保护、确保重点方针**】国家对军事设施实行分类保护、确保重点的方针。军事设施的分类和保护标准，由国务院和中央军事委员会规定。

第七条 【**扶持政策、措施**】国家对因设有军事设施、经济建设受到较大影响的地方，采取相应扶持政策和措施。具体办法由国务院和中央军事委员会规定。

第八条 【**表彰、奖励**】对在军事设施保护工作中做出突出贡献的组织和个人，依照有关法律、法规的规定给予表彰和奖励。

第二章　军事禁区、军事管理区的划定

第九条 【**军事禁区、军事管理区**】军事禁区、军事管理区根据军事设施的性质、作用、安全保密的需要和使用效能的要求划定，具体划定标准和确定程序，由国务院和中央军事委员会规定。

本法所称军事禁区，是指设有重要军事设施或者军事设施安全保密要求高、具有重大危险因素，需要国家采取特殊措施加以重点保护，依照法定程序和标准划定的军事区域。

本法所称军事管理区，是指设有较重要军事设施或者军事设施安全保密要求较高、具有较大危险因素，需要国家采取特殊措施加以保护，依照法定程序和标准划定的军事区域。

第十条 【军事禁区、军事管理区的确定】军事禁区、军事管理区由国务院和中央军事委员会确定，或者由有关军事机关根据国务院和中央军事委员会的规定确定。

军事禁区、军事管理区的撤销或者变更，依照前款规定办理。

第十一条 【负责军事禁区、军事管理区范围划定的机关】陆地和水域的军事禁区、军事管理区的范围，由省、自治区、直辖市人民政府和有关军级以上军事机关共同划定，或者由省、自治区、直辖市人民政府、国务院有关部门和有关军级以上军事机关共同划定。空中军事禁区和特别重要的陆地、水域军事禁区的范围，由国务院和中央军事委员会划定。

军事禁区、军事管理区的范围调整，依照前款规定办理。

第十二条 【设置标志牌】军事禁区、军事管理区应当由县级以上地方人民政府按照国家统一规定的样式设置标志牌。

第十三条 【军事禁区、军事管理区范围的划定或者调整】军事禁区、军事管理区范围的划定或者调整，应当在确保军事设施安全保密和使用效能的前提下，兼顾经济建设、生态环境保护和当地居民的生产生活。

因军事设施建设需要划定或者调整军事禁区、军事管理区范围的，应当在军事设施建设项目开工建设前完成。但是，经战区级以上军事机关批准的除外。

第十四条 【依法办理征收、征用不动产等情形】军事禁区、军事管理区范围的划定或者调整，需要征收、征用土地、房屋等不动产，压覆矿产资源，或者使用海域、空域等的，依照有关法律、法规的规定办理。

第十五条 【临时军事禁区、临时军事管理区范围的划定】军队为执行任务设置的临时军事设施需要划定陆地、水域临时军事禁区、临时军事管理区范围的，由县级以上地方人民政府和有关团级以上军事机关共同划定，并各自向上一级机关备案。其中，涉及有关海事管理机构职权的，应当在划定前征求其意见。划定之后，由县级以上地方人民政府或者有关海事管理机构予以公告。

军队执行任务结束后，应当依照前款规定的程序及时撤销划定的陆地、水域临时军事禁区、临时军事管理区。

第三章　军事禁区的保护

第十六条　【军事禁区障碍物或者界线标志的设置】军事禁区管理单位应当根据具体条件，按照划定的范围，为陆地军事禁区修筑围墙、设置铁丝网等障碍物，为水域军事禁区设置障碍物或者界线标志。

水域军事禁区的范围难以在实际水域设置障碍物或者界线标志的，有关海事管理机构应当向社会公告水域军事禁区的位置和边界。海域的军事禁区应当在海图上标明。

第十七条　【禁止进入军事禁区】禁止陆地、水域军事禁区管理单位以外的人员、车辆、船舶等进入军事禁区，禁止航空器在陆地、水域军事禁区上空进行低空飞行，禁止对军事禁区进行摄影、摄像、录音、勘察、测量、定位、描绘和记述。但是，经有关军事机关批准的除外。

禁止航空器进入空中军事禁区，但依照国家有关规定获得批准的除外。

使用军事禁区的摄影、摄像、录音、勘察、测量、定位、描绘和记述资料，应当经有关军事机关批准。

第十八条　【陆地和水域军事禁区内的禁止行为】在陆地军事禁区内，禁止建造、设置非军事设施，禁止开发利用地下空间。但是，经战区级以上军事机关批准的除外。

在水域军事禁区内，禁止建造、设置非军事设施，禁止从事水产养殖、捕捞以及其他妨碍军用舰船行动、危害军事设施安全和使用效能的活动。

第十九条　【安全警戒标志的设置】在陆地、水域军事禁区内采取的防护措施不足以保证军事设施安全保密和使用效能，或者陆地、水域军事禁区内的军事设施具有重大危险因素的，省、自治区、直辖市人民政府和有关军事机关，或者省、自治区、直辖市人民政府、国务院有关部门和有关军事机关根据军事设施性质、地形和当地经济建设、社会发展情况，可以在共同划定陆地、水域军事禁区范围的同时，在禁区外围共同划定安全控制范围，并在其外沿设置安全警戒标志。

安全警戒标志由县级以上地方人民政府按照国家统一规定的样式设置，地点由军事禁区管理单位和当地县级以上地方人民政府共同确定。

水域军事禁区外围安全控制范围难以在实际水域设置安全警戒标志的，依照本法第十六条第二款的规定执行。

第二十条 【军事禁区外安全控制范围内的限制行为】划定陆地、水域军事禁区外围安全控制范围，不改变原土地及土地附着物、水域的所有权。在陆地、水域军事禁区外围安全控制范围内，当地居民可以照常生产生活，但是不得进行爆破、射击以及其他危害军事设施安全和使用效能的活动。

因划定军事禁区外围安全控制范围影响不动产所有权人或者用益物权人行使权利的，依照有关法律、法规的规定予以补偿。

第四章 军事管理区的保护

第二十一条 【军事管理区障碍物、界线标志的设置】军事管理区管理单位应当根据具体条件，按照划定的范围，为军事管理区修筑围墙、设置铁丝网或者界线标志。

第二十二条 【军事管理区许可进入】军事管理区管理单位以外的人员、车辆、船舶等进入军事管理区，或者对军事管理区进行摄影、摄像、录音、勘察、测量、定位、描绘和记述，必须经军事管理区管理单位批准。

第二十三条 【陆地和水域军事管理区内的禁止行为】在陆地军事管理区内，禁止建造、设置非军事设施，禁止开发利用地下空间。但是，经军级以上军事机关批准的除外。

在水域军事管理区内，禁止从事水产养殖；未经军级以上军事机关批准，不得建造、设置非军事设施；从事捕捞或者其他活动，不得影响军用舰船的战备、训练、执勤等行动。

第二十四条 【军民合用设施的管理办法】划为军事管理区的军民合用港口的水域，实行军地分区管理；在地方管理的水域内需要新建非军事设施的，必须事先征得军事设施管理单位的同意。

划为军事管理区的军民合用机场、港口、码头的管理办法，由国务院和中央军事委员会规定。

第五章 没有划入军事禁区、军事管理区的军事设施的保护

第二十五条 【军事设施保护】没有划入军事禁区、军事管理区的军事设施，军事设施管理单位应当采取措施予以保护；军队团级以上管理单位也可以委托当地人民政府予以保护。

第二十六条 【采石、取土、爆破等活动不得危害军事设施】在没有划入军事禁区、军事管理区的军事设施一定距离内进行采石、取土、爆破等活动，不得危害军事设施的安全和使用效能。

第二十七条 【安全保护范围的划定】没有划入军事禁区、军事管理区的作战工程外围应当划定安全保护范围。作战工程的安全保护范围，应当根据作战工程性质、地形和当地经济建设、社会发展情况，由省、自治区、直辖市人民政府和有关军事机关共同划定，或者由省、自治区、直辖市人民政府、国务院有关部门和有关军事机关共同划定。在作战工程布局相对集中的地区，作战工程安全保护范围可以连片划定。县级以上地方人民政府应当按照有关规定为作战工程安全保护范围设置界线标志。

作战工程安全保护范围的撤销或者调整，依照前款规定办理。

第二十八条 【安全保护范围内的注意事项】划定作战工程安全保护范围，不改变原土地及土地附着物的所有权。在作战工程安全保护范围内，当地居民可以照常生产生活，但是不得进行开山采石、采矿、爆破；从事修筑建筑物、构筑物、道路和进行农田水利基本建设、采伐林木等活动，不得危害作战工程安全和使用效能。

因划定作战工程安全保护范围影响不动产所有权人或者用益物权人行使权利的，依照有关法律、法规的规定予以补偿。

禁止私自开启封闭的作战工程，禁止破坏作战工程的伪装，禁止阻断进出作战工程的通道。未经作战工程管理单位师级以上的上级主管军事机关批准，不得对作战工程进行摄影、摄像、录音、勘察、测量、定位、描绘和记述，不得在作战工程内存放非军用物资器材或者从事种植、养殖等生产活动。

新建工程和建设项目，确实难以避开作战工程的，应当按照国家有

关规定提出拆除或者迁建、改建作战工程的申请；申请未获批准的，不得拆除或者迁建、改建作战工程。

第二十九条 【军用机场净空保护区域内的禁止行为】在军用机场净空保护区域内，禁止修建超出机场净空标准的建筑物、构筑物或者其他设施，不得从事影响飞行安全和机场助航设施使用效能的活动。

军用机场管理单位应当定期检查机场净空保护情况，发现修建的建筑物、构筑物或者其他设施超过军用机场净空保护标准的，应当及时向有关军事机关和当地人民政府主管部门报告。有关军事机关和当地人民政府主管部门应当依照本法规定及时处理。

第三十条 【有关军事机关和地方人民政府的义务】有关军事机关应当向地方人民政府通报当地军用机场净空保护有关情况和需求。

地方人民政府应当向有关军事机关通报可能影响军用机场净空保护的当地有关国土空间规划和高大建筑项目建设计划。

地方人民政府应当制定保护措施，督促有关单位对军用机场净空保护区域内的高大建筑物、构筑物或者其他设施设置飞行障碍标志。

第三十一条 【净空保护工作】军民合用机场以及由军队管理的保留旧机场、直升机起落坪的净空保护工作，适用军用机场净空保护的有关规定。

公路飞机跑道的净空保护工作，参照军用机场净空保护的有关规定执行。

第三十二条 【保护军用管线安全】地方各级人民政府和有关军事机关采取委托看管、分段负责等方式，实行军民联防，保护军用管线安全。

地下军用管线应当设立路由标石或者永久性标志，易遭损坏的路段、部位应当设置标志牌。已经公布具体位置、边界和路由的海域水下军用管线应当在海图上标明。

第三十三条 【军用无线电固定设置电磁环境保护范围内的禁止行为】在军用无线电固定设施电磁环境保护范围内，禁止建造、设置影响军用无线电固定设施使用效能的设备和电磁障碍物体，不得从事影响军用无线电固定设施电磁环境的活动。

军用无线电固定设施电磁环境的保护措施，由军地无线电管理机构按照国家无线电管理相关规定和标准共同确定。

军事禁区、军事管理区内无线电固定设施电磁环境的保护,适用前两款规定。

军用无线电固定设施电磁环境保护涉及军事系统与非军事系统间的无线电管理事宜的,按照国家无线电管理的有关规定执行。

第三十四条 【对边防、海防管控设施的保护】未经国务院和中央军事委员会批准或者国务院和中央军事委员会授权的机关批准,不得拆除、移动边防、海防管控设施,不得在边防、海防管控设施上搭建、设置民用设施。在边防、海防管控设施周边安排建设项目,不得危害边防、海防管控设施安全和使用效能。

第三十五条 【对军用测量标志的保护】任何组织和个人不得损毁或者擅自移动军用测量标志。在军用测量标志周边安排建设项目,不得危害军用测量标志安全和使用效能。

军用测量标志的保护,依照有关法律、法规的规定执行。

第六章 管理职责

第三十六条 【编制国民经济和社会发展规划等应兼顾军事设施保护的需要】县级以上地方人民政府编制国民经济和社会发展规划、安排可能影响军事设施保护的建设项目,国务院有关部门、地方人民政府编制国土空间规划等规划,应当兼顾军事设施保护的需要,并按照规定书面征求有关军事机关的意见。必要时,可以由地方人民政府会同有关部门、有关军事机关对建设项目进行评估。

国务院有关部门或者县级以上地方人民政府有关部门审批前款规定的建设项目,应当审查征求军事机关意见的情况;对未按规定征求军事机关意见的,应当要求补充征求意见;建设项目内容在审批过程中发生的改变可能影响军事设施保护的,应当再次征求有关军事机关的意见。

有关军事机关应当自收到征求意见函之日起三十日内提出书面答复意见;需要请示上级军事机关或者需要勘察、测量、测试的,答复时间可以适当延长,但通常不得超过九十日。

第三十七条 【配合地方经济建设、生态环保和社会发展需求】军队编制军事设施建设规划、组织军事设施项目建设,应当考虑地方经济建设、生态环境保护和社会发展的需要，符合国土空间规划等规划的总体要求，并进行安全保密环境评估和环境影响评价。涉及国土空间规划等规划的，应当征求国务院有关部门、地方人民政府的意见，尽量避开生态保护红线、自然保护地、地方经济建设热点区域和民用设施密集区域。确实不能避开，需要将生产生活设施拆除或者迁建的，应当依法进行。

第三十八条 **【地方政府的建设项目或者旅游景点应避开军事设施】**县级以上地方人民政府安排建设项目或者开辟旅游景点，应当避开军事设施。确实不能避开，需要将军事设施拆除、迁建或者改作民用的，由省、自治区、直辖市人民政府或者国务院有关部门和战区级军事机关商定，并报国务院和中央军事委员会批准或者国务院和中央军事委员会授权的机关批准；需要将军事设施改建的，由有关军事机关批准。

因前款原因将军事设施拆除、迁建、改建或者改作民用的，由提出需求的地方人民政府依照有关规定给予有关军事机关政策支持或者经费补助。将军事设施迁建、改建涉及用地用海用岛的，地方人民政府应当依法及时办理相关手续。

第三十九条 **【拆除军事设施】**军事设施因军事任务调整、周边环境变化和自然损毁等原因，失去使用效能并无需恢复重建的，军事设施管理单位应当按照规定程序及时报国务院和中央军事委员会批准或者国务院和中央军事委员会授权的机关批准，予以拆除或者改作民用。

军队执行任务结束后，应当及时将设置的临时军事设施拆除。

第四十条 **【军民合用设施需经批准】**军用机场、港口实行军民合用的，需经国务院和中央军事委员会批准。军用码头实行军民合用的，需经省、自治区、直辖市人民政府或者国务院有关部门会同战区级军事机关批准。

第四十一条 **【制定具体保护措施】**军事禁区、军事管理区和没有划入军事禁区、军事管理区的军事设施，县级以上地方人民政府应当会同军事设施管理单位制定具体保护措施，可以公告施行。

划入军事禁区、军事管理区的军事设施的具体保护措施，应当随军事禁区、军事管理区范围划定方案一并报批。

第四十二条 **【各级军事机关的职责】**各级军事机关应当严格履行保护

军事设施的职责,教育军队人员爱护军事设施,保守军事设施秘密,建立健全保护军事设施的规章制度,监督、检查、解决军事设施保护工作中的问题。

有关军事机关应当支持配合军事设施保护执法、司法活动。

第四十三条　【军事设施管理单位的职责】军事设施管理单位应当认真执行有关保护军事设施的规章制度,建立军事设施档案,对军事设施进行检查、维护。

军事设施管理单位对军事设施的重要部位应当采取安全监控和技术防范措施,并及时根据军事设施保护需要和科技进步升级完善。

军事设施管理单位不得将军事设施用于非军事目的,但因执行应急救援等紧急任务的除外。

第四十四条　【军事设施管理单位的报告义务】军事设施管理单位应当了解掌握军事设施周边建设项目等情况,发现可能危害军事设施安全和使用效能的,应当及时向有关军事机关和当地人民政府主管部门报告,并配合有关部门依法处理。

第四十五条　【军事禁区、军事管理区管理单位的职责】军事禁区、军事管理区的管理单位应当依照有关法律、法规的规定,保护军事禁区、军事管理区内的生态环境、自然资源和文物。

第四十六条　【军用管线的保护】军事设施管理单位必要时应当向县级以上地方人民政府提供地下、水下军用管线的位置资料。地方进行建设时,当地人民政府应当对地下、水下军用管线予以保护。

第四十七条　【各级人民政府的职责】各级人民政府应当加强国防和军事设施保护教育,使全体公民增强国防观念,保护军事设施,保守军事设施秘密,制止破坏、危害军事设施的行为。

第四十八条　【定期检查和评估】县级以上地方人民政府应当会同有关军事机关,定期组织检查和评估本行政区域内军事设施保护情况,督促限期整改影响军事设施保护的隐患和问题,完善军事设施保护措施。

第四十九条　【军事设施保护目标责任制和考核评价制度】国家实行军事设施保护目标责任制和考核评价制度,将军事设施保护目标完成情况作为对地方人民政府、有关军事机关和军事设施管理单位及其负责人考核评价的内容。

第五十条 【设立公安机构】军事禁区、军事管理区需要公安机关协助维护治安管理秩序的，经国务院和中央军事委员会决定或者由有关军事机关提请省、自治区、直辖市公安机关批准，可以设立公安机构。

第五十一条 【违法行为的制止】违反本法规定，有下列情形之一的，军事设施管理单位的执勤人员应当予以制止：

（一）非法进入军事禁区、军事管理区或者在陆地、水域军事禁区上空低空飞行的；

（二）对军事禁区、军事管理区非法进行摄影、摄像、录音、勘察、测量、定位、描绘和记述的；

（三）进行破坏、危害军事设施的活动的。

第五十二条 【有第51条所列情形的处理措施】有本法第五十一条所列情形之一，不听制止的，军事设施管理单位依照国家有关规定，可以采取下列措施：

（一）强制带离、控制非法进入军事禁区、军事管理区或者驾驶、操控航空器在陆地、水域军事禁区上空低空飞行的人员，对违法情节严重的人员予以扣留并立即移送公安、国家安全等有管辖权的机关；

（二）立即制止信息传输等行为，扣押用于实施违法行为的器材、工具或者其他物品，并移送公安、国家安全等有管辖权的机关；

（三）在紧急情况下，清除严重危害军事设施安全和使用效能的障碍物；

（四）在危及军事设施安全或者执勤人员生命安全等紧急情况下依法使用武器。

军人、军队文职人员和军队其他人员有本法第五十一条所列情形之一的，依照军队有关规定处理。

第七章 法律责任

第五十三条 【违法从事水产养殖等活动的处罚】违反本法第十七条、第十八条、第二十三条规定，擅自进入水域军事禁区，在水域军事禁区内从事水产养殖、捕捞，在水域军事管理区内从事水产养殖，或者在水域军事管理区内从事捕捞等活动影响军用舰船行动的，由交通运输、渔业等主管部门给予警告，责令离开，没收渔具、渔获物。

第五十四条 【违法建造军事设施的处罚】违反本法第十八条、第二十三条、第二十四条规定，在陆地、水域军事禁区、军事管理区内建造、设置非军事设施，擅自开发利用陆地军事禁区、军事管理区地下空间，或者在划为军事管理区的军民合用港口地方管理的水域未征得军事设施管理单位同意建造、设置非军事设施的，由住房和城乡建设、自然资源、交通运输、渔业等主管部门责令停止兴建活动，对已建成的责令限期拆除。

第五十五条 【违法进行开山采石等活动的处罚】违反本法第二十八条第一款规定，在作战工程安全保护范围内开山采石、采矿、爆破的，由自然资源、生态环境等主管部门以及公安机关责令停止违法行为，没收采出的产品和违法所得；修筑建筑物、构筑物、道路或者进行农田水利基本建设影响作战工程安全和使用效能的，由自然资源、生态环境、交通运输、农业农村、住房和城乡建设等主管部门给予警告，责令限期改正。

第五十六条 【违法破坏作战工程的处罚】违反本法第二十八条第三款规定，私自开启封闭的作战工程，破坏作战工程伪装，阻断作战工程通道，将作战工程用于存放非军用物资器材或者种植、养殖等生产活动的，由公安机关以及自然资源等主管部门责令停止违法行为，限期恢复原状。

第五十七条 【擅自拆除作战工程等行为的处罚】违反本法第二十八条第四款、第三十四条规定，擅自拆除、迁建、改建作战工程，或者擅自拆除、移动边防、海防管控设施的，由住房和城乡建设主管部门、公安机关等责令停止违法行为，限期恢复原状。

第五十八条 【违法修建超高建筑物等的处罚】违反本法第二十九条第一款规定，在军用机场净空保护区域内修建超出军用机场净空保护标准的建筑物、构筑物或者其他设施的，由住房和城乡建设、自然资源主管部门责令限期拆除超高部分。

第五十九条 【违法建造影响军用无线电固定设施的处罚】违反本法第三十三条规定，在军用无线电固定设施电磁环境保护范围内建造、设置影响军用无线电固定设施使用效能的设备和电磁障碍物体，或者从事影响军用无线电固定设施电磁环境的活动的，由自然资源、生态环境等主管部门以及无线电管理机构给予警告，责令限期改正；逾期不改正的，查封干扰设备或者强制拆除障碍物。

第六十条 【依治安管理处罚法第23条处罚】有下列行为之一的，适用《中华人民共和国治安管理处罚法》第二十三条的处罚规定：

（一）非法进入军事禁区、军事管理区或者驾驶、操控航空器在陆地、水域军事禁区上空低空飞行，不听制止的；

（二）在军事禁区外围安全控制范围内，或者在没有划入军事禁区、军事管理区的军事设施一定距离内，进行危害军事设施安全和使用效能的活动，不听制止的；

（三）在军用机场净空保护区域内，进行影响飞行安全和机场助航设施使用效能的活动，不听制止的；

（四）对军事禁区、军事管理区非法进行摄影、摄像、录音、勘察、测量、定位、描绘和记述，不听制止的；

（五）其他扰乱军事禁区、军事管理区管理秩序和危害军事设施安全的行为，情节轻微，尚不够刑事处罚的。

第六十一条 【依治安管理处罚法第28条处罚】违反国家规定，故意干扰军用无线电设施正常工作的，或者对军用无线电设施产生有害干扰，拒不按照有关主管部门的要求改正的，依照《中华人民共和国治安管理处罚法》第二十八条的规定处罚。

第六十二条 【依治安管理处罚法第33条处罚】毁坏边防、海防管控设施以及军事禁区、军事管理区的围墙、铁丝网、界线标志或者其他军事设施的，依照《中华人民共和国治安管理处罚法》第三十三条的规定处罚。

第六十三条 【追究刑事责任的行为】有下列行为之一，构成犯罪的，依法追究刑事责任：

（一）破坏军事设施的；

（二）过失损坏军事设施，造成严重后果的；

（三）盗窃、抢夺、抢劫军事设施的装备、物资、器材的；

（四）泄露军事设施秘密，或者为境外的机构、组织、人员窃取、刺探、收买、非法提供军事设施秘密的；

（五）破坏军用无线电固定设施电磁环境，干扰军用无线电通讯，情节严重的；

（六）其他扰乱军事禁区、军事管理区管理秩序和危害军事设施安全的行为，情节严重的。

第六十四条 【对军人、军队文职人员和军队其他人员违法行为的处罚】 军人、军队文职人员和军队其他人员有下列行为之一，按照军队有关规定给予处分；构成犯罪的，依法追究刑事责任：

（一）有本法第五十三条至第六十三条规定行为的；

（二）擅自将军事设施用于非军事目的，或者有其他滥用职权行为的；

（三）擅离职守或者玩忽职守的。

第六十五条 【对公职人员违法行为的处罚】 公职人员在军事设施保护工作中有玩忽职守、滥用职权、徇私舞弊等行为的，依法给予处分；构成犯罪的，依法追究刑事责任。

第六十六条 【海警机构和有关部门依法处罚】 违反本法规定，破坏、危害军事设施的，属海警机构职权范围的，由海警机构依法处理。

违反本法规定，有其他破坏、危害军事设施行为的，由有关主管部门依法处理。

第六十七条 【赔偿责任】 违反本法规定，造成军事设施损失的，依法承担赔偿责任。

第六十八条 【战时违法的法律责任】 战时违反本法的，依法从重追究法律责任。

第八章 附 则

第六十九条 【武警部队所属军事设施的保护】 中国人民武装警察部队所属军事设施的保护，适用本法。

第七十条 【重要武器装备设施的保护】 国防科技工业重要武器装备的科研、生产、试验、存储等设施的保护，参照本法有关规定执行。具体办法和设施目录由国务院和中央军事委员会规定。

第七十一条 【立法委任】 国务院和中央军事委员会根据本法制定实施办法。

第七十二条 【施行日期】 本法自2021年8月1日起施行。

民用运力国防动员条例

1. 2003 年 9 月 11 日国务院、中央军事委员会令第 391 号公布
2. 根据 2011 年 1 月 8 日国务院令第 588 号《关于废止和修改部分行政法规的决定》第一次修订
3. 根据 2019 年 3 月 2 日国务院令第 709 号《关于修改部分行政法规的决定》第二次修订

第一章 总 则

第一条 为了维护国家主权、统一、领土完整和安全，保证有效地组织和实施民用运力国防动员，根据《中华人民共和国国防法》和其他有关法律，制定本条例。

第二条 民用运力国防动员，包括动员准备和动员实施。

在战时及平时特殊情况下，根据国防动员需要，国家有权依法对机关、社会团体、企业、事业单位和公民个人（以下简称单位和个人）所拥有或者管理的民用运载工具及相关设备、设施、人员，进行统一组织和调用。

国家在和平时期进行民用运力国防动员准备，增强动员潜力，保障战时及平时特殊情况下实施民用运力国防动员的需要。

第三条 一切拥有或者管理民用运力的单位和个人都应当依法履行民用运力国防动员义务。

因履行民用运力国防动员义务而遭受直接财产损失、人员伤亡的，依法享有获得补偿、抚恤的权利。

第四条 国家国防动员机构在国务院和中央军事委员会领导下，负责组织领导全国的民用运力国防动员工作。

军区国防动员机构负责组织领导本区域的民用运力国防动员工作。

县级以上地方各级国防动员机构负责组织领导本行政区域的民用

运力国防动员工作。

第五条 国家国防交通主管机构负责具体实施全国的民用运力国防动员工作。

军区国防交通主管机构负责具体实施本区域的有关民用运力国防动员工作。

县级以上地方各级人民政府国防交通主管机构负责具体实施本行政区域的民用运力国防动员工作。

第六条 各级国民经济动员机构、人民武装动员机构和县级以上人民政府交通运输管理部门以及其他有关部门在各自的职责范围内，负责有关的民用运力国防动员工作。

第七条 县级以上各级人民政府应当采取有效措施，加强民用运力国防动员准备工作，将民用运力国防动员准备工作纳入国民经济和社会发展计划，增强动员潜力，支持和督促其有关部门依法履行职责，落实民用运力国防动员的各项工作。

第八条 国家支持、鼓励单位和个人建造、购买、经营平战结合的民用运载工具及相关设备，按照有关规定给予扶持。

第九条 单位和个人在民用运力国防动员工作中做出突出贡献，有下列情形之一的，依照国家和地方有关规定给予表彰、奖励：

（一）提供重要或者急需的民用运力，在保障军事行动中作用明显的；

（二）组织和开展民用运力国防动员活动，取得突出成绩的；

（三）坚决执行民用运力国防动员命令，克服困难，出色完成任务的；

（四）勇于同干扰和破坏民用运力国防动员的行为作斗争，避免重大损失的；

（五）在民用运载工具及相关设备贯彻国防要求或者加装改造方面，有重大发明创造，军事或者经济效益显著的。

第二章 民用运力国防动员的准备

第十条 国家国防交通主管机构应当会同国家国民经济动员机构、国务院交通运输管理部门和其他有关部门、军队有关部门，根据民用运载工具及相关设备的设计、建造情况，按照突出重点、注重实效的原则，拟订新建民用运载工具及相关设备贯彻国防要求的总体规划，报国家国防动员机构批准。

国家国民经济动员机构应当根据批准的总体规划，拟订新建民用运载工具及相关设备贯彻国防要求的具体实施计划并组织实施。

第十一条 国务院交通运输管理部门和其他有关部门，省、自治区、直辖市人民政府，应当加强对本行业、本行政区域内设计、建造民用运载工具及相关设备贯彻国防要求工作的管理和指导，为承担设计、建造任务的单位和个人提供政策和技术支持，保障有关国防要求的落实。

第十二条 设计、建造列入贯彻国防要求具体实施计划的民用运载工具及相关设备的单位和个人，必须严格按照贯彻国防要求的设计标准和技术规范进行设计、建造。

出资建造民用运载工具及相关设备的单位和个人，不得阻碍设计、建造单位和个人为贯彻国防要求所进行的设计、建造活动。

设计、建造民用运载工具及相关设备，因贯彻国防要求所发生的费用，由中央财政和县级以上地方各级财政给予适当补助。具体办法由国家国防交通主管机构会同国务院财政部门制定。

第十三条 贯彻国防要求的民用运载工具及相关设备竣工验收时，下达任务的机构和有关国防交通主管机构应当参加验收并签署意见，验收合格并经所在地国防交通主管机构登记后，方可交付使用。

第十四条 县级以上人民政府交通运输管理部门、公安交通管理部门和其他有关部门，应当结合本部门年度的交通工具统计、登记和审验(核)工作，按照民用运力国防动员准备登记的要求，于每年1月31日前，向同级国防交通主管机构报送上一年度民用运力登记的有关资料和情况。

报送的民用运力资料和情况不符合规定要求的，国防交通主管机构可以要求前款所列有关部门按照规定要求重新提供，有关部门不得拒绝。

第十五条 各级国防交通主管机构应当对民用运力资料和情况分类整理，登记造册，妥善保管，及时更新。下级国防交通主管机构应当按照民用运力国防动员的要求将本级民用运力情况报送上一级国防交通主管机构；同时根据需要，及时向军队有关单位通报本地区的民用运力情况。

国防交通主管机构以及获得情况通报的军队有关单位对民用运力资料和情况负有保密义务。

第十六条 军队、人民武装警察部队、民兵组织，应当根据所担负的任务，评估和测算民用运力国防动员需求，并按照规定的程序将所需民用运载工具及相关设备的类型、数量及其技术要求等情况报送有关国防交通主管机构。

第十七条 国防交通主管机构应当根据民用运力情况和使用单位提出的需求，组织拟订民用运力国防动员预案。

全国民用运力国防动员预案，由国家国防交通主管机构会同国务院有关部门和军队有关部门拟订，报国家国防动员机构批准。

军区民用运力国防动员预案，由军区国防交通主管机构根据全国民用运力国防动员预案，会同军区有关部门和区域内的省、自治区、直辖市人民政府有关部门拟订，报军区国防动员机构批准，并报国家国防交通主管机构备案。

省、自治区、直辖市民用运力国防动员预案，由省、自治区、直辖市人民政府国防交通主管机构根据军区民用运力国防动员预案，会同本级人民政府有关部门和同级军事机关拟订，报本级国防动员机构批准，并报军区国防交通主管机构备案。

第十八条 海军、空军、第二炮兵（以下简称军兵种）根据所担负的特殊任务，需要单独制定民用运力国防动员预案的，经国家国防交通主管机构同意后，由军兵种主管国防交通工作的机构会同有关军区和省、自治区、直辖市人民政府的国防交通主管机构以及其他有关部门拟订；经所属的军兵种审核同意后，报国家国防动员机构批准。

第十九条 民用运力国防动员预案应当明确动员的任务、程序、要求和保障措施，便于操作执行，能够满足军事行动的需要。

第二十条 民用运力国防动员预案的调整，按照原拟订程序和批准权限办理。

第二十一条 国防交通主管机构应当会同人民武装动员机构，根据民用运力国防动员预案，组织和指导有关部门确定预征民用运力，并将预征民用运载工具及相关设备的类型、数量、技术标准和对操作、保障人员的要求通知有关单位和个人。

接到通知的单位和个人，应当按照要求做好预征民用运力的组织、技术保障等准备工作。

第二十二条 预征民用运载工具及相关设备，需要进行加装改造论证和试验的，由国防交通主管机构会同同级国民经济动员机构，根据民用运力国防动员预案制定实施方案，并组织实施。其中重大论证课题和试验项目的实施方案应当报国家国防动员机构批准；涉及加装武器装备的，按照武器装备加装改造的有关规定办理。

第二十三条 承担民用运载工具及相关设备加装改造论证课题和试验项目的单位，应当按照规定的时间与要求完成论证和试验任务，并将论证结论和试验结果的资料报送国防交通主管机构和国民经济动员机构。

拥有或者管理需要加装改造的预征民用运载工具及相关设备的单位和个人，应当向承担加装改造论证课题和试验项目的单位提供民用运载工具及相关设备的原始资料和情况，为加装改造论证课题和试验项目的顺利实施提供方便。

第二十四条 国民经济动员机构和国防交通主管机构，应当根据加装改造任务的要求，指导、帮助有关单位建立和完善加装改造的技术、材料及相关设备的储备制度。

第二十五条 人民武装动员机构应当会同国防交通主管机构和军队负责军事交通运输工作的部门，根据民用运力国防动员准备要求，结合预征民用运力担负的运输生产任务，组织预征民用运力进行必要的军事训练和专业技术训练。

参加预征民用运力训练的人员，训练期间的误工补贴或者在原单位的工资、奖金、福利待遇以及伙食补助、往返差旅费等，训练人员纳入民兵组织的，依照国家有关民兵参加军事训练的规定执行；训练人员未纳入民兵组织的，参照国家有关民兵参加军事训练的规定执行。

第二十六条 国防交通主管机构应当会同同级人民政府交通运输管理部门和其他有关部门，加强对预征民用运力的动态管理，建立相应的管理制度，采用先进的科技手段收集和掌握预征民用运力的动态信息。

拥有或者管理预征民用运力的单位和个人，应当按照规定及时向国防交通主管机构报送预征民用运力的变动情况。

第二十七条 军区级以上单位批准的军事训练、演习,可以征用民用运力。

军事训练、演习需要征用民用运力的,按照中央军事委员会规定的程序报军区级以上单位批准后,由国防交通主管机构根据民用运力国防动员预案组织实施。

军事训练、演习征用民用运力的补偿费用,按照租用方式计价结算。具体办法由国务院财政部门会同国务院有关部门和军队有关部门制定。

第三章 民用运力国防动员的实施

第二十八条 战时的民用运力国防动员,依据国家主席发布的动员令实施。

平时特殊情况下的民用运力国防动员,依据国务院、中央军事委员会发布的民用运力国防动员决定实施。

第二十九条 国防交通主管机构应当根据上级下达的民用运力国防动员任务和使用单位提出的申请,按照快速动员的要求,迅速启动、实施民用运力国防动员预案。

在实施民用运力国防动员预案的过程中,需要对预案进行调整的,按照规定程序、权限办理。

第三十条 国防交通主管机构应当会同人民武装动员机构,按照上级下达的民用运力国防动员要求,通知被征民用运力的单位和个人,明确其被征民用运载工具及相关设备的类型、数量和操作、保障人员,以及民用运力集结的时间、地点和方式。

被征民用运力的单位和个人必须按照通知要求,组织被征民用运力在规定时限内到达集结地点,并保证被征民用运载工具及相关设备的技术状态和操作、保障人员的技能符合军事行动的要求。

第三十一条 被征民用运力集结地的人民武装动员机构应当会同国防交通主管机构及有关部门组成精干的指挥机构,对集结后的民用运力进行登记编组,查验整备情况,组织必要的应急训练,保证按时交付使用单位;被征民用运力来不及集结的,人民武装动员机构可以与使用单位商定报到时间和地点，并立即通知被征民用运力的单位和个人。被征民用运力交付使用单位时，应当办理交接手续。

被征民用运力交接后，有关民用运载工具及相关设备的安全防护、后勤保障和装备维修等，由使用单位负责，其执行任务所在地的人民政府予以协助。

第三十二条 被征民用运载工具及相关设备需要加装改造的，由国民经济动员机构会同国防交通主管机构和使用单位，按照民用运力国防动员预案确定的加装改造方案组织实施。

承担民用运载工具及相关设备加装改造任务的单位和个人，应当严格按照国家安全技术标准和国防要求进行加装改造，保证按期交付使用。

第三十三条 民用运力国防动员实施过程中，因情况紧急来不及报告的，使用单位可以按照民用运力国防动员预案直接在当地征用所需的民用运力，但必须同时按照规定的程序补报。

第三十四条 民用运力国防动员实施过程中，需要使用港口、码头、机场、车站和其他设施的，由国防交通主管机构事先向有关部门或者单位提出使用要求，有关部门和单位应当予以配合、支持。

第三十五条 使用民用运力的单位应当尽最大可能保证人员安全，并尽量避免民用运载工具及相关设备、设施受到损毁。

第三十六条 国务院、中央军事委员会根据民用运力国防动员的紧急需要，决定对某一行业或者地区的民用运力实施管制时，被实施民用运力管制的单位和个人，必须服从管制指挥机构的统一指挥，保证其拥有或者管理的民用运载工具及相关设备、设施和保障系统处于良好状态。

第四章 补偿与抚恤

第三十七条 民用运力国防动员任务完成后，使用民用运力的单位应当收拢民用运力，清查动员民用运力数量，统计民用运载工具及相关设备、设施的损失、损坏情况以及操作、保障人员的伤亡情况，按照有关规定办理移交手续，并出具民用运力使用、损毁情况证明。

第三十八条 加装改造的民用运载工具及相关设备需要并能够恢复原有功能的，国民经济动员机构应当在移交前会同国防交通主管机构和使用单位组织实施恢复工作。恢复工作完成并通过相应的检验后,应当及时移交。

加装改造的民用运载工具及相关设备不影响原使用功能的,可以不实施恢复工作。国防交通主管机构应当登记造册,列为民用运力国防动员储备。

第三十九条 拥有或者管理民用运力的单位和个人,因履行民用运力国防动员义务造成的下列直接财产损失,由中央财政和县级以上地方各级财政给予适当补偿:

(一)民用运载工具及相关设备和港口、码头、机场、车站等设施的灭失、损坏、折旧;

(二)民用运载工具及相关设备和港口、码头、机场、车站等设施的操作、保障人员的工资或者津贴;

(三)应当给予合理补偿的其他直接财产损失。

补偿的具体办法,由国务院财政部门会同有关部门制定。

第四十条 拥有或者管理民用运力的单位和个人,凭使用单位出具的使用、损毁证明,向当地的国防交通主管机构申报,经国防交通主管机构审核情况属实,并报有关人民政府批准后,由当地的国防交通主管机构负责在规定的期限内实施补偿。

第四十一条 拥有或者管理民用运力的单位和个人,因履行民用运力国防动员义务遭受人员伤亡的,其抚恤优待的办法和标准,由县级以上地方人民政府退役军人事务部门依照《军人抚恤优待条例》的规定执行。

第五章 经费保障

第四十二条 民用运力国防动员所需费用,由中央财政和县级以上地方各级财政共同负担。

中央财政负担的费用,列入中央预算;县级以上地方各级财政负担的费用,列入本级政府预算。

第四十三条 民用运力国防动员准备所需费用,由国家和县级以上地方各级人民政府国防交通主管机构,根据本年度民用运力国防动员工作任务编制预算,报本级人民政府批准。

第四十四条 民用运力国防动员实施所需费用,按照国家在战时及平时特殊情况下有关国防动员经费保障办法执行。

第四十五条 民用运力国防动员经费应当专款专用，并接受财政、审计部门的监督。

第六章 法律责任

第四十六条 违反本条例的规定，预征民用运力的单位或者个人逃避或者拒不履行民用运力国防动员义务的，由设区的市级人民政府国防交通主管机构责令改正；拒不改正的，强制其履行义务，可以对单位处2万元以上10万元以下的罚款，对个人处2000元以上1万元以下的罚款；构成犯罪的，依法追究刑事责任。

第四十七条 违反本条例的规定，被征民用运力的单位或者个人未按照规定的时间、地点和要求集结应征民用运力，由设区的市级人民政府国防交通主管机构责令改正；构成犯罪的，依法追究刑事责任。

第四十八条 违反本条例的规定，承担设计、建造或者加装改造任务的单位、个人，未按照国防要求对民用运载工具及相关设备进行设计、建造、加装改造，或者出资建造民用运载工具及相关设备的单位、个人阻碍有关设计、建造或者加装改造的，由设区的市级人民政府国防交通主管机构责令改正；拒不改正的，强制其履行义务，可以对单位处5万元以上20万元以下的罚款，对个人处5000元以上5万元以下的罚款；构成犯罪的，依法追究刑事责任。

第四十九条 破坏预征民用运载工具及相关设备或者以其他方式阻碍、干扰民用运力国防动员活动，造成损失或者不良影响的，由公安机关依照《中华人民共和国治安管理处罚法》给予处罚；构成犯罪的，依法追究刑事责任。

第五十条 违反本条例的规定，县级以上人民政府交通运输管理部门、公安交通管理部门和其他有关部门拒绝向国防交通主管机构报送或者迟延报送上一年度民用运力登记的有关资料和情况的，由本级人民政府责令限期报送；逾期未报送的，对负有直接责任的主管人员和其他直接责任人员，由有关主管机关依法给予记过、记大过、降级的行政处分。

第五十一条 违反本条例的规定，国防交通主管机构、国民经济动员机构、人民武装动员机构、民用运力使用单位有下列情形之一的，由有关主管机关对负有直接责任的主管人员和其他直接责任人员依法给予记大过、降级、撤职的行政处分或者依照《中国人民解放军纪律条令》的有关规定给予纪律处分；构成犯罪的，依法追究刑事责任：

（一）泄露所收集、掌握的民用运力资料和情况的；

（二）超越权限，擅自动员民用运力的；

（三）对被征用民用运力管理不善，造成严重损失的；

（四）不出具民用运力使用、损毁证明，经有关主管机关指出拒不改正的；

（五）违反专款专用的规定，擅自使用民用运力国防动员经费的。

第七章　附　　则

第五十二条　平时特殊情况，是指发生危及国家主权、统一、领土完整和安全的武装冲突以及其他突发性事件。

第五十三条　本条例自2004年1月1日起施行。

三、法律责任

中华人民共和国刑法(节录)

1. 1979年7月1日第五届全国人民代表大会第二次会议通过
2. 1997年3月14日第八届全国人民代表大会第五次会议修订
3. 根据1998年12月29日第九届全国人民代表大会常务委员会第六次会议通过的《关于惩治骗购外汇、逃汇和非法买卖外汇犯罪的决定》、1999年12月25日第九届全国人民代表大会常务委员会第十三次会议通过的《中华人民共和国刑法修正案》、2001年8月31日第九届全国人民代表大会常务委员会第二十三次会议通过的《中华人民共和国刑法修正案(二)》、2001年12月29日第九届全国人民代表大会常务委员会第二十五次会议通过的《中华人民共和国刑法修正案(三)》、2002年12月28日第九届全国人民代表大会常务委员会第三十一次会议通过的《中华人民共和国刑法修正案(四)》、2005年2月28日第十届全国人民代表大会常务委员会第十四次会议通过的《中华人民共和国刑法修正案(五)》、2006年6月29日第十届全国人民代表大会常务委员会第二十二次会议通过的《中华人民共和国刑法修正案(六)》、2009年2月28日第十一届全国人民代表大会常务委员会第七次会议通过的《中华人民共和国刑法修正案(七)》、2009年8月27日第十一届全国人民代表大会常务委员会第十次会议通过的《关于修改部分法律的决定》、2011年2月25日第十一届全国人民代表大会常务委员会第十九次会议通过的《中华人民共和国刑法修正案(八)》、2015年8月29日第十二届全国人民代表大会常务委员会第十六次会议通过的《中华人民共和国刑法修正案(九)》、2017年11月4日第十二届全国人民代表大会常务委员会第三十次会议通过的《中华人民共和国刑法修正案(十)》、2020年12月26日第十三届全国人民代表大会常务委员会第二十四次会议通过的《中华人民共和国刑法修正案(十一)》修正

第二编 分 则

第一章 危害国家安全罪

第一百零二条 【背叛国家罪】勾结外国，危害中华人民共和国的主权、领土完整和安全的，处无期徒刑或者十年以上有期徒刑。

与境外机构、组织、个人相勾结，犯前款罪的，依照前款的规定处罚。

第一百零三条 【分裂国家罪】组织、策划、实施分裂国家、破坏国家统一的，对首要分子或者罪行重大的，处无期徒刑或者十年以上有期徒刑；对积极参加的，处三年以上十年以下有期徒刑；对其他参加的，处三年以下有期徒刑、拘役、管制或者剥夺政治权利。

【煽动分裂国家罪】煽动分裂国家、破坏国家统一的，处五年以下有期徒刑、拘役、管制或者剥夺政治权利；首要分子或者罪行重大的，处五年以上有期徒刑。

第一百零四条 【武装叛乱、暴乱罪】组织、策划、实施武装叛乱或者武装暴乱的，对首要分子或者罪行重大的，处无期徒刑或者十年以上有期徒刑；对积极参加的，处三年以上十年以下有期徒刑；对其他参加的，处三年以下有期徒刑、拘役、管制或者剥夺政治权利。

策动、胁迫、勾引、收买国家机关工作人员、武装部队人员、人民警察、民兵进行武装叛乱或者武装暴乱的，依照前款的规定从重处罚。

第一百零五条 【颠覆国家政权罪】组织、策划、实施颠覆国家政权、推翻社会主义制度的，对首要分子或者罪行重大的，处无期徒刑或者十年以上有期徒刑；对积极参加的，处三年以上十年以下有期徒刑；对其他参加的，处三年以下有期徒刑、拘役、管制或者剥夺政治权利。

【煽动颠覆国家政权罪】以造谣、诽谤或者其他方式煽动颠覆国家政权、推翻社会主义制度的，处五年以下有期徒刑、拘役、管制或者剥夺政治权利；首要分子或者罪行重大的，处五年以上有期徒刑。

第一百零六条 【与境外勾结的处罚规定】与境外机构、组织、个人相勾结，实施本章第一百零三条、第一百零四条、第一百零五条规定之罪的，依照各该条的规定从重处罚。

第一百零七条　【资助危害国家安全犯罪活动罪】境内外机构、组织或者个人资助实施本章第一百零二条、第一百零三条、第一百零四条、第一百零五条规定之罪的，对直接责任人员，处五年以下有期徒刑、拘役、管制或者剥夺政治权利；情节严重的，处五年以上有期徒刑。

第一百零八条　【投敌叛变罪】投敌叛变的，处三年以上十年以下有期徒刑；情节严重或者带领武装部队人员、人民警察、民兵投敌叛变的，处十年以上有期徒刑或者无期徒刑。

第一百零九条　【叛逃罪】国家机关工作人员在履行公务期间，擅离岗位，叛逃境外或者在境外叛逃的，处五年以下有期徒刑、拘役、管制或者剥夺政治权利；情节严重的，处五年以上十年以下有期徒刑。

掌握国家秘密的国家工作人员叛逃境外或者在境外叛逃的，依照前款的规定从重处罚。

第一百一十条　【间谍罪】有下列间谍行为之一，危害国家安全的，处十年以上有期徒刑或者无期徒刑；情节较轻的，处三年以上十年以下有期徒刑：

（一）参加间谍组织或者接受间谍组织及其代理人的任务的；

（二）为敌人指示轰击目标的。

第一百一十一条　【为境外窃取、刺探、收买、非法提供国家秘密、情报罪】为境外的机构、组织、人员窃取、刺探、收买、非法提供国家秘密或者情报的，处五年以上十年以下有期徒刑；情节特别严重的，处十年以上有期徒刑或者无期徒刑；情节较轻的，处五年以下有期徒刑、拘役、管制或者剥夺政治权利。

第一百一十二条　【资敌罪】战时供给敌人武器装备、军用物资资敌的，处十年以上有期徒刑或者无期徒刑；情节较轻的，处三年以上十年以下有期徒刑。

第一百一十三条　【危害国家安全罪适用死刑、没收财产的规定】本章上述危害国家安全罪行中，除第一百零三条第二款、第一百零五条、第一百零七条、第一百零九条外，对国家和人民危害特别严重、情节特别恶劣的，可以判处死刑。

犯本章之罪的，可以并处没收财产。

最高人民法院关于审理为境外窃取、刺探、收买、非法提供国家秘密、情报案件具体应用法律若干问题的解释

1. 2000年11月20日最高人民法院审判委员会第1142次会议通过
2. 2001年1月17日公布
3. 法释〔2001〕4号
4. 自2001年1月22日起施行

为依法惩治为境外的机构、组织、人员窃取、刺探、收买、非法提供国家秘密、情报犯罪活动，维护国家安全和利益，根据刑法有关规定，现就审理这类案件具体应用法律的若干问题解释如下：

第一条 刑法第一百一十一条规定的“国家秘密”，是指《中华人民共和国保守国家秘密法》第二条、第八条以及《中华人民共和国保守国家秘密法实施办法》第四条确定的事项。

刑法第一百一十一条规定的“情报”，是指关系国家安全和利益、尚未公开或者依照有关规定不应公开的事项。

对为境外机构、组织、人员窃取、刺探、收买、非法提供国家秘密之外的情报的行为，以为境外窃取、刺探、收买、非法提供情报罪定罪处罚。

第二条 为境外窃取、刺探、收买、非法提供国家秘密或者情报，具有下列情形之一的，属于“情节特别严重”，处十年以上有期徒刑、无期徒刑，可以并处没收财产：

（一）为境外窃取、刺探、收买、非法提供绝密级国家秘密的；

（二）为境外窃取、刺探、收买、非法提供三项以上机密级国家秘密的；

（三）为境外窃取、刺探、收买、非法提供国家秘密或者情报，对国家安全和利益造成其他特别严重损害的。

实施前款行为，对国家和人民危害特别严重、情节特别恶劣的，可

以判处死刑，并处没收财产。

第三条 为境外窃取、刺探、收买、非法提供国家秘密或者情报，具有下列情形之一的，处五年以上十年以下有期徒刑，可以并处没收财产：

（一）为境外窃取、刺探、收买、非法提供机密级国家秘密的；

（二）为境外窃取、刺探、收买、非法提供三项以上秘密级国家秘密的；

（三）为境外窃取、刺探、收买、非法提供国家秘密或者情报，对国家安全和利益造成其他严重损害的。

第四条 为境外窃取、刺探、收买、非法提供秘密级国家秘密或者情报，属于“情节较轻”，处五年以下有期徒刑、拘役、管制或者剥夺政治权利，可以并处没收财产。

第五条 行为人知道或者应当知道没有标明密级的事项关系国家安全和利益，而为境外窃取、刺探、收买、非法提供的，依照刑法第一百一十一条的规定以为境外窃取、刺探、收买、非法提供国家秘密罪定罪处罚。

第六条 通过互联网将国家秘密或者情报非法发送给境外的机构、组织、个人的，依照刑法第一百一十一条的规定定罪处罚；将国家秘密通过互联网予以发布，情节严重的，依照刑法第三百九十八条的规定定罪处罚。

第七条 审理为境外窃取、刺探、收买、非法提供国家秘密案件，需要对有关事项是否属于国家秘密以及属于何种密级进行鉴定的，由国家保密工作部门或者省、自治区、直辖市保密工作部门鉴定。

附　　录

全国检察机关依法惩治侵犯军人军属合法权益、危害国防利益犯罪典型案例

一、冒充军人招摇撞骗罪

案例一：李某某、葛某某冒充军人招摇撞骗案

（一）基本案情

被告人李某某、葛某某，均系女性，无业。2017 年 2 月，李某某购置军用床、军服、军被等物品，将租住房间仿照军队营房宿舍进行布置，伙同葛某某冒充军人实施招摇撞骗。2017 年 6 月至 2018 年 6 月，李某某和葛某某共同或者单独作案，编造现役军人的虚假身份，选择适龄现役或退役军人为侵害目标，通过微信视频的方式与被害人联络，假意建立恋爱关系，在取得对方信任后，编造家庭成员生病等理由，先后骗取 9 名被害人钱款共计 25 万余元。

2019 年 1 月 14 日，天津市滨海新区人民检察院以李某某、葛某某犯冒充军人招摇撞骗罪提起公诉。同年 3 月 15 日，天津市滨海新区人民法院以李某某犯冒充军人招摇撞骗罪，判处有期徒刑六年；葛某某犯冒充军人招摇撞骗罪，判处有期徒刑五年。

（二）检察履职情况

1. 积极引导取证，搭建完整证据体系。本案两名被告人为骗取财物精心准备，利用被害人对军人群体的认同感，伪装成现役军人博得被害人信任，作案手段具有隐蔽性和欺骗性。天津市滨海新区人民检察院对被害人陈述、微信往来情况、钱款转付记录等详细审查，全面梳理在案证据。

针对证据体系存在的薄弱点,从控制赃物、提取物证等切入,引导公安机关补强完善客观证据,夯实指控证明体系。

2. 反复研究论证,精准适用法律。本案中被告人冒充军人身份,侵害的对象多为现役军人,不仅侵犯了被害人的财产权益,更损害了军队威信,干扰了部队正常活动,符合冒充军人招摇撞骗罪的犯罪构成,且属于情节严重的情形,应当以冒充军人招摇撞骗罪定罪处罚。对此,检察机关进行了充分说理论证,法院判决予以采纳。

3. 加强军地协作,增强办案效果。针对社会不法人员冒充军人以网恋为名骗取男性现役军人钱财等问题,天津市滨海新区人民检察院加强军地协作,以点带面,在依法打击此类犯罪的同时,结合典型案例积极开展送法进军营活动,促进军地双方进一步关心适龄现役军人的交友恋爱问题,普及婚恋相关知识,给予及时的帮助和疏导,依法保障军人合法权益。

(三)典型意义

1. 全面把握犯罪行为的危害性,确保对涉军犯罪的精准打击。冒充军人招摇撞骗不仅损害了被害人的合法权益,更影响了社会对军人、军队的信任,进而对国防利益和军事安全产生危害。根据刑法第三百七十二条的规定,冒充军人身份进行招摇撞骗的,构成冒充军人招摇撞骗罪,处三年以下有期徒刑、拘役、管制或者剥夺政治权利;情节严重的,处三年以上十年以下有期徒刑。本案被告人冒充现役军人身份,以现役适龄军人为目标,通过网络恋爱骗取钱财,严重侵害了军人的合法权益,对人民军队的威信产生不良影响。检察机关办理此类案件,应准确适用法律,综合考虑作案次数、犯罪金额等情节,合理提出量刑建议,确保对涉军犯罪的精准打击。

2. 依托军地协作机制,增强涉军案件办理效果。检察机关办理涉军案件,要充分依托军地协作机制,延伸检察职能,针对办案中发现的突出问题,加强军地协作,落实普法责任,结合典型案例开展法治宣传教育,促进军地双方共同关心并解决现役军人后顾之忧,依法保障军人合法权益,维护国防利益。

二、阻碍军人执行职务罪

案例二:朱某某阻碍军人执行职务案

(一)基本案情

被告人朱某某,男,无业。2020 年 5 月 6 日晚,中国人民解放军某部在辖区组织军事演习,并安排士官薛某某在某偏远的乡镇路口临时布防,执行安全警戒任务。被告人朱某某与同伴刘某某酒后骑电动车路经该地时,不顾薛某某劝阻,强行要求通过路口。朱某某趁薛某某与刘某某交涉之际,突然下车用手掐住薛某某脖子,将其推倒在路旁一条深约 4 米的水沟内,造成薛某某头部、脚部、肘部受伤,伤情鉴定为轻微伤。当晚朱某某被抓获归案。刘某某被另案处理。

2020 年 7 月 27 日,江西省信丰县人民检察院以朱某某犯阻碍军人执行职务罪提起公诉,并建议判处有期徒刑一年。同年 8 月 14 日,信丰县人民法院采纳检察机关的指控意见,以阻碍军人执行职务罪判处被告人朱某某有期徒刑一年。朱某某未上诉。

(二)检察履职情况

1. 及时介入侦查,开展引导取证。鉴于军地互涉案件的特殊性,信丰县人民检察院在案发当晚即派员会同侦查人员赶赴案发现场,引导做好现场勘查、调取监控、查找现场目击证人等工作,为后续案件办理打牢基础。

2. 发挥机制优势,加强军地协作。信丰县人民检察院及时启动军地协作机制,通过县人民武装部与被伤害军人及所在部队取得联系,畅通沟通协作渠道。办案过程中,信丰县人民检察院依法告知被害人相关权利义务,及时向部队通报案件办理情况;通过部队调取军人身份认定、被害人系正在履行军事演习职责等证据,核实朱某某阻碍行为对演习造成的影响等事实;认真听取部队的意见,并邀请部队代表旁听案件庭审活动。

3. 加强释法说理,促进认罪认罚。审查起诉阶段,朱某某提出辩解,认为自己当时处于醉酒状态,不清楚具体发生了什么事情,也没有造成严重后果，不应被追究刑事责任。承办检察官向朱某某阐释法理，说明醉酒并非免责的法定事由；播放现场监控视频，部分开示证据，核清案件事实，并强调军事演习事关国防安全和国家利益，在此过程中阻碍军人执行职务的行为性质严重；阐明认罪认罚从宽的法律规定和法律后果，敦促朱某某及时悔悟，争取从宽处理的机会。经教育转化，朱某某认识到了自己行为的社会危害性，自愿认罪，接受检察机关提出的有期徒刑一年的量刑建议，在值班律师的见证下签署了认罪认罚具结书。

4. 积极开展法庭教育，提升法治宣传效果。庭审中，检察机关在发表公诉意见时，以案释法开展法庭教育，被告人当庭表示自责和忏悔，对被伤害军人及所在部队致歉，取得较好的庭审效果。

（三）典型意义

1. 依法惩治阻碍军人执行职务犯罪，切实维护国防利益。根据刑法第三百六十八条第一款的规定，以暴力、威胁方法阻碍军人依法执行职务的，构成阻碍军人执行职务罪，处三年以下有期徒刑、拘役、管制或者罚金。军人执行演习演训等军事任务及抢险救灾等非战争军事行动，受到法律保护。检察机关应当加大对阻碍军人执行职务犯罪的惩治力度，切实维护军事利益和国防利益。

2. 坚持惩教结合，加强认罪悔罪教育。办理阻碍军人执行职务案件，要坚持惩罚与教育相结合，做好认罪认罚教育转化工作。对没有造成阻碍军事演习继续进行等严重危害后果的，要通过释法说理，促使被告人充分认识到自身行为的社会危害性，自愿认罪悔罪。同时，通过庭审观摩、以案释法等手段，强化法治宣讲，营造维护军人合法权益和国防利益的良好氛围。

3. 加强沟通配合，密切军地协作。办理军地互涉刑事案件，检察机关要注重在涉案证据收集、诉讼流程推进、普法教育宣讲等环节，加强军地协作配合。本案中，检察机关与部队密切沟通，依法收集被害军人主体身份、执行职务的过程、阻碍行为造成的危害结果等证据，完善定罪量刑证明体系；充分听取被害军人及所在部队的意见，及时向部队通报案件办理进程，并结合办案开展法治宣讲，努力实现政治效果、法律效果和社会效果的统一。

三、非法买卖武装部队制式服装罪

案例三:张某非法买卖武装部队制式服装案

(一)基本案情

被告人张某,男,个体经营者。2018 年 2 月至 2019 年 12 月,张某在未取得武装部队制式服装销售许可的情况下,通过各类渠道大量采购仿制武装部队制式服装,并在淘宝网上向社会公众销售。经查,张某共计售出 07 式迷彩大衣、07 式迷彩作训服等仿制军服 400 余件(套),获利 3 万余元。2019 年 12 月 2 日,公安机关在张某租赁处现场查扣各类迷彩作训服、迷彩大衣、迷彩帽等 2000 余件(套),各类部队肩章、领章、胸标等 400 余件(副)。经鉴定,上述扣押物均属于现行军服仿制品和仿制军服标志服饰。

2021 年 1 月 21 日,湖北省汉川市人民检察院以张某犯非法买卖武装部队制式服装罪依法提起公诉,建议判处张某有期徒刑一年,并处罚金人民币 1 万元。3 月 9 日,汉川市人民法院作出一审判决,全部采纳检察机关定罪量刑意见。张某未提出上诉。

(二)检察履职情况

1. 依法退回补充侦查,准确查明犯罪事实。审查起诉阶段,汉川市人民检察院审查发现该案部分证据存在瑕疵,及时制定退回补充侦查提纲,就涉案物品来源、去向、交易金额、扣押程序、鉴定意见等提出 15 条补充侦查意见,引导侦查机关及时搜集完善相关证据材料,为后期准确认定犯罪奠定坚实基础。

2. 加强军地协作,解决关键证据鉴定难题。该案中,涉案物品是否属于仿制武装部队制式服装是定案的关键。检察机关依托军地协作机制,协调部队相关部门对该案关键证据出具鉴定意见,依法认定涉案物品属于现行军服仿制品和仿制军服标志服饰,解决了本案定性中的最大争议问题。

3. 精准指控犯罪,提出确定刑量刑建议。汉川市人民检察院结合张某涉嫌的犯罪性质、数额、情节,提出了有期徒刑一年、并处罚金人民币 1

万元的确定刑量刑建议，张某自愿签署了认罪认罚具结书。最终，法院采纳检察机关的指控意见和量刑建议。

（三）典型意义

1. 依法惩治非法买卖部队制式服装犯罪。武装部队的制式服装、配饰，是武装部队实行管理活动的重要物资，也是军人形象的重要标志。非法买卖武装部队制式服装的行为，严重危害国防利益。根据刑法第三百七十五条第二款规定，非法买卖武装部队制式服装，情节严重的，构成非法买卖武装部队制式服装罪，处三年以下有期徒刑、拘役或者管制，并处或者单处罚金。检察机关办理此类案件，要切实履行批捕起诉职能，积极引导侦查机关收集完善证据，依法准确定性，维护武装部队正常管理秩序和军人良好形象。

2. 加强军地协作，及时解决影响案件办理的疑难问题。在办理案件中，要依托军地协作机制，畅通沟通联系渠道，及时解决涉军案件的关键证据鉴定等问题，确保准确有力惩治犯罪。

3. 积极适用认罪认罚从宽制度，精确提出量刑建议。非法买卖武装部队制式服装罪一般都是为了牟利，检察机关办理此类案件要积极适用认罪认罚从宽制度，根据犯罪的事实、性质和情节，结合被告人的认罪认罚情况，依法提出确定刑量刑建议。

四、过失以危险方法危害公共安全罪

案例四：赵某某、刘某某过失以危险方法危害公共安全案

（一）基本案情

被告人赵某某，男，某航摄公司法定代表人。

被告人刘某某，男，某航摄公司飞行员。

2018 年 9 月，某勘测研究院与某航摄公司签订合同，委托该公司对陕西省榆林市靖边县某地实施航空拍摄及测量，但未约定负责飞行报备的主体。该航摄公司负责人赵某某安排公司飞机驾驶员刘某某与研究院联系，确定航测作业具体事项。同年 9 月 29 日，在未核实飞行审批、备案手续情况下，刘某某驾驶该公司 A2C 轻型运动飞机对合同约定目标地进

行航拍测绘。当日 12 时 08 分,中国人民解放军空军某部发现该空情(飞机高度 2100 米,时速 110 公里/小时),并通过航空管制部门查询到该飞行未申报飞行任务、未申请飞行计划,遂出动军用飞机进行查证处置。13 时 30 分,刘某某驾驶的飞机被逼停迫降。该飞机未经报备擅自飞行,扰乱了空中管制区管理秩序,干扰了部队空中训练,并造成民航联合航空某航班和南方航空某航班延误。

2019 年 5 月 17 日,陕西省靖边县人民检察院以赵某某、刘某某犯过失以危险方法危害公共安全罪提起公诉。同年 6 月 11 日,靖边县人民法院作出一审判决,认定赵某某、刘某某犯过失以危险方法危害公共安全罪,分别判处有期徒刑一年,缓刑一年。被告人均未提出上诉。

(二)检察履职情况

1. 启动绿色通道,有效惩治犯罪。该案涉嫌危害公共安全和国防利益,为及时有效惩治犯罪,靖边县人民检察院启动涉军案件绿色通道,加强与公安机关和部队的沟通联系,通过联席会议、案件协商、联合调查等形式,依法规范、及时高效地完成了案件移送、调查取证、补充侦查等工作。

2. 开展调查研究,准确认定罪名。靖边县人民检察院经充分征求部队和专业人士意见,认为赵某某和刘某某作为长期从事飞行测绘工作的人员,明知飞行活动需要履行审批、报备手续,在疏于确认核实报备手续是否完备的情况下开展航测活动,导致违规飞行,干扰部队正常训练,威胁防空安全,并造成国防资源损耗和两起航班延误。二人对违飞行为可能发生危害公共安全的后果应当预见而没有预见,应当承担过失责任。综合上述情况,检察机关认定被告人应当以过失以危险方法危害公共安全罪定罪处罚。

3. 听取部队意见,优化量刑建议。考虑到该案涉及军事利益,靖边县人民检察院与相关部队会商研究。部队方面表示,鉴于被告人主观方面为过失、认罪态度好,建议从宽处理。靖边县人民检察院结合被告人自首、坦白等法定、酌定情节,综合全案证据提出了较为轻缓的量刑建议。

(三)典型意义

1. “黑飞”“违飞”行为违反法律法规规定,情节严重的,应依法予以追诉。检察机关应当结合案件具体情况,对“黑飞”“违飞”行为是否危害国防利益和公共安全、是否造成严重后果进行综合评判。本案中,行为人未严格核实审批、报备手续,擅自驾驶飞机飞行,对国防安全和利益产生威胁,导致公私财产遭受重大损失,其社会危害程度明显增加,应当追究刑事责任。同时,为确保罪责刑相一致,检察机关应当对被告人主观方面进行重点审查,没有危害公共安全故意的不以故意犯罪论。

2. 军地携手,破解办案难题。办理军地互涉类案件,检察机关应当落实六部委《办理军队和地方互涉刑事案件规定》的要求,坚持相互配合的原则,加强军地协作,借助部队专业优势,为案件办理提供有效参考,确保事实认定和法律适用的准确性。

3. 主动担当,助力航空国防。实践中,“黑飞”“违飞”现象时有发生。面对新的社会问题,检察机关应当强化检察履职,通过办案形成警示效果和宣传氛围,促使社会公众知悉并严格遵守航空管理相关政策法规,引导社会各界自觉维护国防和军事利益。

五、破坏军婚罪

案例五:孙某破坏军婚案

(一)基本案情

被告人孙某,男,个体经营。2016 年 11 月,王某与现役军人郭某登记结婚并育有一女郭某某。2020 年 9 月,被告人孙某与王某通过网络直播平台相识并逐渐发展为不正当男女关系。同年 10 月至 12 月案发,孙某在明知王某为现役军人配偶的情况下,仍与其在自己家中同居,并多次发生性关系。同居期间,王某每天下班到幼儿园接其女儿郭某某至孙某经营的二手车行吃饭,并一起回到孙某家中居住和生活。同年 11 月 8 日,郭某休假回家后发现王某经常彻夜不归,不接听电话,遂产生怀疑,后发现王某带着女儿郭某某经常出入于孙某经营的车行及其住所,晚上也于孙某家中居住。郭某打电话与孙某交涉,规劝孙某不要破坏其家庭,孙某未予理会。11 月 17 日,郭某向公安机关报案。12 月 18 日,郭某与王某因感情破裂离婚。

2021 年 1 月 5 日,吉林省某县人民检察院以孙某犯破坏军婚罪提起公诉。1 月 15 日,该县人民法院采纳指控意见和量刑建议,以破坏军婚罪判处孙某有期徒刑一年六个月。孙某未提出上诉。

(二)检察履职情况

1. 全面审查在案证据,依法认定犯罪。孙某到案后拒不认罪,既不承认与王某发生性关系,也否认明知王某系现役军人配偶。检察机关经审查认为,依据被害人陈述、目击证人证言和相关视听资料、微信聊天记录等客观证据,能够形成完整证据链条,证实孙某明知王某系现役军人配偶仍与之共同生活的事实。同时,针对"同居"认定这一难点,检察机关经反复研究论证,认为王某每天到幼儿园接女儿郭某某放学后到孙某住处生活,孙某偶尔也接送郭某某,王某称孙某为"老公",孙某称王某为"宝贝",并持续较长时间,已达到认定"同居"所要求的"持续、稳定"的程度,依法构成破坏军婚罪。

2. 客观评价社会危害性,依法作出批准逮捕决定。检察机关审查后认为,孙某主观恶性较深,在现役军人郭某对其规劝后仍不思悔改,客观上致使郭某与妻子王某感情破裂离婚,给郭某造成很大伤害,严重影响其安心服役,给部队管理带来一定隐患。为充分保护军人合法权益,检察机关依法对孙某批准逮捕。

3. 认真开展教育转化工作,依法适用认罪认罚从宽制度。检察机关通过证据开示、释法说理、政策解读等多种方式,积极开展认罪教育,同时注重发挥值班律师作用,做好被告人思想工作。被告人孙某从最开始的拒不认罪,到真诚悔罪,再到自愿认罪认罚。其认罪态度得到被害人认可,基于此,检察机关提出了相对从宽的量刑建议,被法院采纳。

4. 加强军地协作,实现效果延伸。为了最大限度减小因婚姻家庭破裂给军人带来的影响,检察机关依托军地协作机制,共同对被害人进行心理抚慰,努力消解因案件给现役军人心理造成的不稳定因素,依法保护军人合法权益。

(三)典型意义

1. 依法惩治破坏军婚行为,保护军人合法权益。军人职业的特殊性、使命的特殊性,决定其婚姻家庭关系不同于普通家庭。现役军人为了保家卫国,远离家庭,艰苦奋斗,对军人婚姻家庭的破坏,严重伤害军人及其家属的感情,影响部队安全稳定和战斗力。我国法律对军婚给予特殊保护,根据刑法第二百五十九条第一款的规定,明知是现役军人的配偶而与之同居或者结婚的,构成破坏军婚罪,处三年以下有期徒刑或者拘役。依法惩治破坏军婚行为,给现役军人履职提供有效的司法保障,稳“小家”为“大家”,是检察机关应当履行的法定职责,也是检察机关贯彻落实习近平强军思想,服务保障军队和国防建设、维护国家安全和社会稳定的重要举措。

2. 综合考量事实证据,正确认定同居关系。刑法及相关司法解释未就“同居”的概念作出明确定义,司法实践中如何准确认定同居关系是难点。一般情况下,同居关系具有稳定性、持续性、日常性等特征,但根据具体案件情况,往往表现出不同的情形。检察机关在办理破坏军婚案件时,应综合考虑全案证据,对被告人与现役军人配偶是否构成同居关系进行妥善认定。本案中,被告人与现役军人配偶存在共同生活事实,双方交往密切,被告甚至帮助接送女方孩子,女方也清楚表达了要与被告共同生活的意愿,在丈夫回家后仍居住于被告人家中,夜不归宿,已经具备了稳定性、持续性、日常性等特征,应认定为同居关系。

六、司 法 救 助

案例六:王某德、王某彪司法救助案

(一)基本案情

被告人王某坤,男,无业。

被害人王某德,男,退役军人。

被害人王某彪,男,退役军人。

被告人王某坤与被害人王某德、王某彪均系同村村民。2020 年 10 月 22 日,王某坤因未收到同村村民王某国家举办的葬礼的邀请,产生不满,将菜刀和剪刀藏于腰间,前往王某国家滋事。当日 12 时 20 分许,王某坤来到王某国家门前,王某德对其进行劝阻,王某坤遂持携带的菜刀连续多次向王某德挥砍,致王某德背部、左臂等多处受伤。为制止王某坤行凶,王某彪帮助王某德对王某坤进行拦阻、控制。在此过程中,王某坤持剪刀猛刺王某德右胸部致其死亡,又将王某彪右胸部及左腋刺伤。王某

坤被公安人员当场抓获。经鉴定:被害人王某德系锐性物体作用于躯干及左侧上肢,心包腔内积满不凝血及凝血块,心包填塞死亡;被害人王某彪人体损伤程度为轻伤二级。

2021 年 1 月 27 日,辽宁省葫芦岛市人民检察院启动司法救助程序,及时组织公开听证进行研究。2 月 3 日,葫芦岛市人民检察院作出司法救助决定,给予王某德家属救助金人民币 8 万元,给予王某彪救助金人民币 2 万元,并均于次日发放到位。

2021 年 1 月 28 日,辽宁省葫芦岛市人民检察院以王某坤犯故意杀人罪提起公诉。6 月 25 日,葫芦岛市中级人民法院以故意杀人罪判处被告人王某坤死刑,剥夺政治权利终身。

(二)检察履职情况

1. 创新方法、迅速反应,实施“命案受害家庭关怀行动”。受案后,葫芦岛市人民检察院积极开展“一嵌入、两同步”工作,将救助告知“嵌入”办案程序,在受理审查起诉当日即联系王某德家属和王某彪,告知相应权利义务;第一时间对该案是否符合司法救助条件启动审查程序,将刑事案件办理与司法救助案件办理同步进行,将审查起诉工作与救助前期审查工作同步推进。

2. 实地走访、公开听证,及时启动国家司法救助程序。承办检察官及时前往被害人住所地、村民委员会进行实地走访,主动了解当事人的家庭生活情况、收入来源情况,充分听取被害人家属的意见,做好矛盾化解、心理疏导和释法说理工作,并及时启动国家司法救助程序。为提高办案透明度,以公开促公正、赢公信,主持召开公开听证会,邀请两名熟悉涉军法律工作的律师和一名市退役军人事务局工作人员担任听证员。经过集中评议,听证员一致认为该起案件的申请人符合国家司法救助条件,赞同检察机关给予申请人国家司法救助。

3. 加快进度、多元救助,帮助受害家庭解决燃眉之急。听证会结束后,葫芦岛市人民检察院向相关部门申请加快司法救助金的审批进度。在多部门的密切配合下,检察机关在作出司法救助决定的次日,便将 10 万元司法救助金送到王某德家属和王某彪手中。葫芦岛市人民检察院还秉持“一次救助、长期关怀”的工作思路,主动对接市退役军人事务局,将救助申请人的信息纳入全国退役军人帮扶援助系统,为其申请了困难援助资金。王某德的儿子是沈阳某高校在读大学生，来自沈阳某律师事务所的听证员与其结成帮扶对子，进行长期爱心资助，帮助其顺利完成学业。

（三）典型意义

1. 落实党中央决策部署，加强退役军人司法救助。党中央高度重视退役军人的安置、生活和权益保障等工作。2021 年初，六部委联合下发了《关于加强退役军人司法救助工作的意见》，既对司法办案过程中做好困难退役军人救助工作作出安排并提出要求，也为检察机关履职尽责提供了制度支持和政策指引。检察机关应当将国家司法救助工作作为担当拥军优属政治责任的重要方式，作为贯彻军民融合发展战略、促进军政军民团结的具体举措，用好法治思维和法治方式拥军优属。本案中，考虑到被害人系退役军人，面对危险，不改军人本色，挺身而出、见义勇为，并因此致死、致伤，家庭生活困难，检察机关在审查起诉环节第一时间启动司法救助程序，及时有效保障退役军人的合法权益，既彰显检察机关惩治犯罪的力度，也体现检察机关司法为民的温度。

2. 积极推动形成辐射广、多元化、综合性的救助工作格局。司法救助具有一次性、救急性特点。检察机关应当注重对被害人及其家属的多元、长效救助，推动搭建或参与由政法各单位、政府相关部门乃至社会力量组成的工作机制，通过汇聚各方力量，形成救助帮扶合力。本案中，检察机关除司法救助金外，还通过退役军人事务局为被救助退役军人申请了困难援助资金，通过第三方社会力量对其家属进行长期爱心资助，切实保护退役军人合法权益。

案例七：张某兵、张某军司法救助案

（一）基本案情

救助申请人张某军，男，现役军人，系陈某某交通肇事案被害人张某月之子。

救助申请人张某兵，男，系陈某某交通肇事案被害人张某月的丈夫。

2019 年 5 月 9 日，陈某某无证驾驶电动三轮车在省道公路行驶，因操作不当，导致车辆侧翻，造成乘车人张某月当场死亡，经认定陈某某负此事故的全部责任。2020 年 5 月 19 日，宁夏回族自治区同心县人民检察院以陈某某犯交通肇事罪提起公诉。同年 8 月 14 日，同心县人民法院以交通肇事罪判处陈某某有期徒刑一年二个月，缓刑一年六个月。

2020 年 5 月 12 日，经张某兵、张某军申请，宁夏回族自治区同心县人民检察院启动司法救助程序。后该院作出给予张某兵、张某军国家司法救助金 4 万元的决定，并及时发放到位。

(二)检察履职情况

1. 主动开展司法调查，及时发现救助线索。承办检察官在全面审查案件材料的基础上，实地走访被害人所在村组，进行司法救助调查，了解到被害人张某月的儿子张某军在新疆服兵役，其丈夫张某兵身患重度残疾，家中还有 93 岁高龄的婆婆，家庭主要收入均依靠被害人张某月。现张某月死亡，张某军又远在边疆服役，张某兵及家中老人无人照顾，家庭失去主要经济来源，生活陷入困境，而被告人陈某某无赔偿能力，被害方符合司法救助条件。

2. 依法启动救助程序，确保救助及时到位。承办检察官积极开展释法说理工作，告知张某兵、张某军国家司法救助相关规定。张某兵、张某军全面了解国家政策后，向检察机关提出司法救助申请，同心县人民检察院第一时间启动司法救助程序。为争取更多社会支持，同心县人民检察院邀请人大代表、政协委员、律师和村民代表召开了公开听证会，听取各方意见后，决定对申请人予以司法救助，并于听证会后快速办理，及时发放救助金 4 万元。

3. 协调多方力量，延伸检察职能。同心县人民检察院实施综合救助措施，主动对接扶贫办、残疾人联合会等组织，积极向民政部门通报反映被害人家庭困难情况，把检察机关的"独角戏"，变成多方参与的"大合唱"。经沟通协调，张某兵被纳入农村低保保障人员范围。

(三)典型意义

1. 发现线索要"主动"。军人军属是检察机关开展司法救助的重点对象之一，在军人军属遭受不法侵害时，检察机关应详细审查案件材料，对被害人家庭状况、被告人赔偿能力等情况进行重点审查，及时走访慰问，主动发现救助线索，迅速启动司法救助程序，将司法救助工作与拥军优属工作紧密衔接，让军人军属切实感受到司法温暖。本案中，检察机关及时发现相关线索，并通过多方调查，最终核实了被害人之子长期戍边、其丈夫身患残疾生活不能自理、家中还有高龄老人需要赡养等符合开展司法救助的情况。

2. 开展救助要“从速”。被害人及其家属因案致贫，救助款早一日到达，就能早一日帮助被救助人缓解困境，渡过难关。本案中，检察机关第一时间启动司法救助程序，及时落实救助资金，让为国家驻守边疆的军人真切感受到党和政府的温暖关爱，真正解决其后顾之忧。

3. 救助手段要“多元”。检察机关在办理司法救助案件中要坚持以人民为中心的发展思想，认真开展实地走访调查、完善救助档案、公开听证审查等工作，并主动与民政、扶贫、社保等有关部门沟通联络，落实心理疏导、定期回访、持续跟进等帮扶措施，确保实现司法办案政治效果、法律效果、社会效果的有机统一。